Marius Bonnen

Vom Scrollen zum Erfolg - Social Media Marketing Meisterkurs
für maximale Reichweite und Kundenbindung

– Die praxisnahe Anleitung zur Entwicklung einer effektiven
Social Media Strategie für nachhaltiges Wachstum auf Facebook,
Instagram, TikTok & Co.

D1721118

SOCIAL MEDIA MARKETING

↓ READ MORE ↓

Durch Reels & Kurzvideos zur Maximalen Reichweite

Marius Bonnen

1. Auflage

2024

Inhaltsverzeichnis

Vorwort

Herzlich willkommen zu diesem Buch über Social Media Marketing mit einem besonderen Fokus auf Reels und Kurzvideos. In einer Zeit, in der die digitale Landschaft ständig im Wandel ist und die Aufmerksamkeitsspanne der Menschen immer kürzer wird, sind Reels und Kurzvideos zu mächtigen Werkzeugen geworden, um eine maximale Reichweite und Engagement zu erzielen.

In den letzten Jahren haben sich soziale Medien zu einem der wichtigsten Instrumente für Unternehmen, Marken und Influencer entwickelt, um mit ihrem Publikum zu interagieren, ihre Botschaft zu verbreiten und ihre Markenpräsenz aufzubauen. Plattformen wie Instagram, TikTok, und andere bieten mit ihren Funktionen für Reels und Kurzvideos eine einzigartige Möglichkeit, Inhalte auf kreative und ansprechende Weise zu präsentieren, die die Aufmerksamkeit der Nutzer im Sturm erobern können.

Doch trotz ihres Potenzials stehen viele Menschen vor der Herausforderung, effektive Strategien zu entwickeln und hochwertige Inhalte zu erstellen, die in der überfluteten Welt der sozialen Medien hervorstechen können. Genau hier setzt dieses Buch an. Es wurde geschrieben, um Ihnen eine umfassende Anleitung zu bieten, wie Sie Reels und Kurzvideos nutzen können, um Ihre Reichweite zu maximieren, Ihre Zielgruppe zu erreichen und Ihre Marketingziele zu erreichen.

In den folgenden Kapiteln werden wir uns gemeinsam auf eine Reise begeben, die Sie durch die Grundlagen des Social Media Marketings führt, Ihnen hilft, die einzigartigen Eigenschaften von Reels und Kurzvideos zu verstehen, und Ihnen praktische Tipps und Strategien an die Hand gibt, um Inhalte zu erstellen, die sich von der Masse abheben. Wir werden Fallstudien untersuchen, die erfolgreichsten Taktiken analysieren und einen Blick auf zukünftige Trends werfen, um sicherzustellen, dass Sie stets einen Schritt voraus sind.

Egal, ob Sie ein kleines Unternehmen sind, das seine Marke aufbauen möchte, ein Influencer, der seine Reichweite ausbauen will, oder ein Marketingexperte, der sein Wissen erweitern möchte - dieses Buch ist für Sie gedacht. Es ist vollgepackt mit praktischen Ratschlägen, inspirierenden Beispielen und bewährten Strategien, die Ihnen dabei helfen werden, das volle Potenzial von Reels und Kurzvideos zu entfalten.

Ich möchte mich bei Ihnen bedanken, dass Sie sich für dieses Buch entschieden haben, und ich hoffe, dass es Ihnen dabei helfen wird, Ihre Ziele im Bereich des Social Media Marketings zu erreichen. Ich wünsche Ihnen viel Spaß beim Lesen und viel Erfolg auf Ihrer Reise durch die Welt der Reels und Kurzvideos!

Mit freundlichen Grüßen,

Marius Bonnen

Kapitel 1 Einführung in Social Media Marketing

In einer Welt, die von ständiger Vernetzung und digitaler Kommunikation geprägt ist, hat sich das Social Media Marketing zu einem unverzichtbaren Bestandteil jeder erfolgreichen Marketingstrategie entwickelt. Die sozialen Medien haben nicht nur die Art und Weise verändert, wie Menschen miteinander interagieren, sondern auch die Art und Weise, wie Unternehmen mit ihren Kunden kommunizieren und ihre Marken präsentieren.

Social Media Plattformen wie Facebook, Instagram, Twitter, LinkedIn, TikTok und viele andere bieten Unternehmen die Möglichkeit, direkt mit ihrer Zielgruppe in Kontakt zu treten, Inhalte zu teilen, Feedback zu erhalten und letztendlich ihre Marke zu stärken. Dabei hat sich das Spektrum der Social Media Marketing-Strategien im Laufe der Zeit erweitert, um den sich ständig verändernden Bedürfnissen und Vorlieben der Nutzer gerecht zu werden.

Eine der neuesten und aufregendsten Entwicklungen im Bereich des Social Media Marketings sind Reels und Kurzvideos. Diese kurzen, knackigen Videoinhalte haben die Art und Weise revolutioniert, wie Unternehmen ihre Botschaften präsentieren und mit ihrer Zielgruppe interagieren können. Mit ihrer Fähigkeit, komplexe Ideen in kurzer Zeit zu vermitteln und die Aufmerksamkeit der Zuschauer zu fesseln, sind Reels und Kurzvideos zu einem wichtigen Werkzeug geworden, um eine maximale Reichweite und Engagement zu erzielen.

In diesem ersten Teil unseres Buches werden wir uns mit den Grundlagen des Social Media Marketings befassen. Wir werden einen Überblick über verschiedene Social Media Plattformen geben, die Bedeutung von Zielgruppenanalyse und Content-Strategie diskutieren und die Rolle von Reels und Kurzvideos innerhalb dieser Strategien untersuchen. Durch das Verständnis dieser Grundlagen werden Sie besser gerüstet sein, um die folgenden Kapitel zu nutzen, in denen wir uns eingehend mit der Erstellung, Vermarktung und Optimierung von Reels und Kurzvideos befassen werden.

Definition von Social Media Marketing

Social Media Marketing (SMM) ist eine dynamische Marketingstrategie, die darauf abzielt, die Markenpräsenz, Interaktion und Reichweite eines Unternehmens durch die Nutzung verschiedener sozialer Medienplattformen zu stärken. Im Kern geht es darum, Inhalte zu erstellen, zu teilen und zu fördern, die die Aufmerksamkeit einer Zielgruppe auf sich ziehen, um letztendlich Marketingziele zu erreichen, sei es Branding, Kundengewinnung, Kundenbindung oder Umsatzsteigerung.

Was Social Media Marketing von herkömmlichen Marketingansätzen unterscheidet, ist seine fundamentale Verbindung zur sozialen Interaktion. Anstatt einseitiger Werbung ermöglichen soziale Medien einen Dialog zwischen Unternehmen und Verbrauchern. Dieser Dialog ist nicht nur essentiell für den Aufbau von Kundenbeziehungen, sondern auch für die Schaffung von Markenloyalität und -vertrauen.

Ein weiteres Merkmal von Social Media Marketing ist seine Vielseitigkeit und Flexibilität. Unternehmen können eine Vielzahl von Formaten nutzen, darunter Textbeiträge, Bilder, Videos, Stories, Live-Streams und mehr, um ihre Botschaft zu vermitteln. Darüber hinaus bietet Social Media Marketing zahlreiche Tools und Funktionen, die es Unternehmen ermöglichen, ihre Zielgruppe gezielt anzusprechen und den Erfolg ihrer Kampagnen zu messen und zu optimieren.

Der Erfolg von Social Media Marketing beruht nicht nur auf der Quantität, sondern vor allem auf der Qualität des Inhalts. Unternehmen müssen relevante, ansprechende und authentische Inhalte liefern, die die Bedürfnisse und Interessen ihrer Zielgruppe ansprechen. Dies erfordert eine gründliche Kenntnis der Zielgruppe sowie kontinuierliche Anpassungen und Verbesserungen basierend auf Feedback und Datenanalyse.

Social Media Marketing ist jedoch kein Selbstläufer. Es erfordert eine strategische Herangehensweise, kontinuierliche Überwachung und Anpassung sowie eine konsequente Ausrichtung auf die langfristigen Ziele des Unternehmens. Unternehmen müssen nicht nur eine Präsenz auf den relevanten Plattformen aufbauen, sondern auch eine kohärente und konsistente Markenbotschaft kommunizieren, um Vertrauen und Glaubwürdigkeit aufzubauen.

Insgesamt kann Social Media Marketing als eine evolutionäre Marketingdisziplin betrachtet werden, die sich ständig weiterentwickelt und an die sich verändernden Trends, Technologien und Verhaltensweisen der Nutzer anpasst. Es bietet Unternehmen eine einzigartige Chance, mit ihrer Zielgruppe in Kontakt zu treten, Beziehungen aufzubauen und letztendlich ihre Geschäftsziele zu erreichen.

Bedeutung von Reels und Kurzvideos

In der dynamischen Welt des Social Media Marketings sind Reels und Kurzvideos zu einem integralen Bestandteil jeder erfolgreichen Marketingstrategie geworden. Diese kurzen, knackigen Videoinhalte haben die Art und Weise revolutioniert, wie Unternehmen ihre Botschaften präsentieren und mit ihrer Zielgruppe interagieren können. Mit ihrer Fähigkeit, komplexe Ideen in kurzer Zeit zu vermitteln und die Aufmerksamkeit der Zuschauer zu fesseln, sind Reels und Kurzvideos zu einem wichtigen Werkzeug geworden, um eine maximale Reichweite und Engagement zu erzielen.

Die Bedeutung von Reels und Kurzvideos liegt nicht nur in ihrer Fähigkeit, die Aufmerksamkeit der Nutzer zu erfassen, sondern auch in ihrer Viralität und ihrem Teilen. Dank ihrer Kürze und ihres unterhaltsamen Formats haben Reels und Kurzvideos eine höhere Wahrscheinlichkeit, viral zu gehen und von Nutzern auf sozialen Medien leicht geteilt zu werden. Dies ermöglicht es Unternehmen, ihre Reichweite organisch zu steigern und neue Zielgruppen zu erreichen.

Darüber hinaus bieten Reels und Kurzvideos eine kreative Möglichkeit, Inhalte zu präsentieren. Sie ermöglichen es Unternehmen, Geschichten zu erzählen, Produkte vorzustellen oder komplexe Konzepte in kurzer Zeit verständlich zu erklären. Durch die visuelle und emotionale Anziehungskraft von Reels und Kurzvideos können

Unternehmen ihre Botschaften auf ansprechende Weise kommunizieren und die Interaktion und das Engagement ihrer Zielgruppe steigern.

Reels und Kurzvideos eine effektive Möglichkeit für Unternehmen, sich in der überfüllten Welt der sozialen Medien abzuheben und eine Verbindung zu ihrer Zielgruppe herzustellen. Sie bieten eine Vielzahl von Vorteilen, darunter eine höhere Reichweite, eine größere Viralität und eine kreative Präsentation von Inhalten, die es Unternehmen ermöglichen, ihre Marketingziele effektiv zu erreichen.

In der heutigen digitalen Ära ist die Aufmerksamkeitsspanne der Nutzer zu einem entscheidenden Faktor geworden, der die Art und Weise beeinflusst, wie Unternehmen ihre Inhalte präsentieren und mit ihrer Zielgruppe interagieren. Mit der zunehmenden Verbreitung von Smartphones und anderen digitalen Geräten sind Nutzer einem ständigen Strom von Informationen ausgesetzt, was dazu führt, dass ihre Aufmerksamkeitsspanne immer kürzer wird.

Studien zeigen, dass die durchschnittliche Aufmerksamkeitsspanne eines Menschen in den letzten Jahren dramatisch gesunken ist. Während in der Vergangenheit die Aufmerksamkeitsspanne bei etwa 12 Sekunden lag, beträgt sie heute oft weniger als 8 Sekunden. Dies ist teilweise auf die wachsende Anzahl von Ablenkungen zurückzuführen, denen die Nutzer täglich ausgesetzt sind, sei es durch Benachrichtigungen von sozialen Medien, E-Mails, Nachrichten oder andere digitale Reize.

In diesem Umfeld sind Reels und Kurzvideos zu einem äußerst effektiven Mittel geworden, um die Aufmerksamkeit der Nutzer zu erfassen und zu halten. Durch ihre kurze Dauer und ihr unterhaltsames Format ermöglichen es Reels und Kurzvideos, in kurzer Zeit eine große Menge an Informationen zu vermitteln und die Aufmerksamkeit der Zielgruppe zu fesseln. Sie bieten eine schnelle und prägnante Möglichkeit, eine Botschaft zu kommunizieren, ohne dass die Nutzer lange Zeit investieren müssen, um sie zu konsumieren.

Darüber hinaus passen sich Reels und Kurzvideos perfekt an das Verhalten und die Vorlieben der Nutzer an, die zunehmend nach schnellen und unterhaltsamen Inhalten suchen, die sie schnell konsumieren können. Anstatt lange Texte zu lesen oder lange Videos anzusehen, bevorzugen Nutzer Inhalte, die in kurzer Zeit prägnant und ansprechend sind. Reels und Kurzvideos bieten genau das, indem sie komplexe Ideen in kurze, leicht verdauliche Clips verpacken, die die Aufmerksamkeit der Nutzer sofort erfassen.

Die steigende Bedeutung von Reels und Kurzvideos als Marketinginstrument zeigt die wachsende Notwendigkeit für Unternehmen, sich auf die veränderten Verhaltensweisen und Vorlieben der Nutzer einzustellen. Indem sie auf die kürzere Aufmerksamkeitsspanne der Nutzer reagieren und Inhalte erstellen, die schnell und ansprechend sind, können Unternehmen eine effektive Verbindung zu ihrer Zielgruppe herstellen und ihre Marketingziele erreichen.

Virale Inhalte verbreiten sich exponentiell über soziale Netzwerke und erreichen schnell eine große Anzahl von Nutzern. Diese Viralität ist nicht nur ein Zeichen für die Beliebtheit eines Inhalts, sondern kann auch zu einer erheblichen Steigerung der Reichweite und Sichtbarkeit eines Unternehmens führen.

Reels und Kurzvideos sind aufgrund ihrer Kürze und ihres unterhaltsamen Formats besonders anfällig für Viralität. Die kurze Dauer ermöglicht es Nutzern, sie schnell zu konsumieren und leicht zu teilen, was dazu führt, dass sie sich schnell verbreiten und eine breite Palette von Nutzern erreichen können. Darüber hinaus sind Reels und Kurzvideos oft visuell ansprechend und unterhaltsam, was die Wahrscheinlichkeit erhöht, dass Nutzer sie mit ihren Freunden teilen möchten.

Das Teilen von Inhalten auf sozialen Medien ist zu einem integralen Bestandteil des Nutzerverhaltens geworden. Nutzer teilen Inhalte aus verschiedenen Gründen, sei es, um ihre Meinungen auszudrücken, interessante Informationen mit ihren Freunden zu teilen oder einfach nur um sich mit anderen zu unterhalten. Reels und Kurzvideos erleichtern das Teilen, da sie schnell und einfach konsumiert werden können und oft eine emotionale Reaktion beim Betrachter hervorrufen.

Das Teilen von Reels und Kurzvideos bietet Unternehmen eine einzigartige Möglichkeit, ihre Reichweite und Sichtbarkeit in den sozialen Medien zu steigern. Durch virale Verbreitung können Unternehmen eine größere Anzahl von Nutzern erreichen, die sie möglicherweise sonst nicht erreicht hätten, und neue Zielgruppen erschließen. Darüber hinaus kann virales Teilen das Engagement und die Interaktion mit der Marke erhöhen, da Nutzer oft mit Freunden und Followern über geteilte Inhalte diskutieren und interagieren.

Die Bedeutung von Viralität und Teilen unterstreicht die Rolle von Reels und Kurzvideos als effektives Werkzeug, um die Reichweite und Sichtbarkeit eines Unternehmens in den sozialen Medien zu steigern. Durch die Erstellung ansprechender und unterhaltsamer Inhalte können Unternehmen eine breite Palette von Nutzern erreichen und ihre Marketingziele effektiv erreichen.

Die kreative Präsentation von Inhalten ist ein entscheidender Aspekt des Erfolgs in den sozialen Medien. Reels und Kurzvideos bieten Unternehmen eine einzigartige Möglichkeit, ihre Botschaften auf ansprechende und unterhaltsame Weise zu kommunizieren. Durch ihre kurze Dauer und ihr visuell ansprechendes Format ermöglichen es Reels und Kurzvideos, komplexe Ideen und Geschichten auf kreative und effektive Weise zu präsentieren.

Die Kürze von Reels und Kurzvideos erfordert von Unternehmen, ihre Botschaften prägnant und auf den Punkt zu bringen. Dies erfordert eine sorgfältige Planung und Kreativität, um sicherzustellen, dass jede Sekunde des Videos effektiv genutzt wird, um die gewünschte Botschaft zu vermitteln. Unternehmen müssen innovative Wege finden, um ihre Inhalte zu präsentieren und die Aufmerksamkeit der Zuschauer zu fesseln, sei es durch den Einsatz von humorvollen Skits, fesselnden Geschichten oder visuell beeindruckenden Effekten.

Darüber hinaus bieten Reels und Kurzvideos die Möglichkeit, Inhalte auf eine interaktive und unterhaltsame Weise zu präsentieren. Unternehmen können Animationen, Musik und Soundeffekte verwenden, um ihre Botschaften zu verstärken und eine emotionale Verbindung mit den Zuschauern herzustellen. Durch die kreative Nutzung von visuellen und auditiven Elementen können Unternehmen ihre Inhalte auf eine einzigartige und ansprechende Weise präsentieren, die die Zuschauer fesselt und zum Teilen motiviert.

Die kreative Präsentation von Inhalten in Reels und Kurzvideos ermöglicht es Unternehmen, ihre Markenpersönlichkeit zum Ausdruck zu bringen und sich von der Konkurrenz abzuheben. Durch die Entwicklung innovativer Konzepte und die Nutzung von visuellen und auditiven Elementen können Unternehmen eine einzigartige und ansprechende Präsenz in den sozialen Medien schaffen, die die Aufmerksamkeit der Zielgruppe auf sich zieht und ihre Markenbekanntheit steigert.

Insgesamt bietet die kreative Präsentation von Inhalten in Reels und Kurzvideos Unternehmen eine einzigartige Möglichkeit, ihre Botschaften auf ansprechende und unterhaltsame Weise zu kommunizieren. Durch die Nutzung von visuellen und auditiven Elementen können Unternehmen eine emotionale Verbindung mit den Zuschauern herstellen und ihre Marketingziele effektiv erreichen.

Für wen ergibt der Einsatz von Kurzvideos Sinn?

Der Einsatz von Kurzvideos kann für eine Vielzahl von Unternehmen und Organisationen sinnvoll sein, die ihre Markenpräsenz stärken, ihre Zielgruppen ansprechen und ihre Marketingziele erreichen möchten. Kleinunternehmen und Startups können Kurzvideos nutzen, um ihre Markenbekanntheit zu steigern und neue Kunden zu gewinnen. Da Kurzvideos kostengünstig und einfach zu produzieren sind, bieten sie Kleinunternehmen eine effektive Möglichkeit, sich in den sozialen Medien zu präsentieren und mit ihrer Zielgruppe in Kontakt zu treten, ohne große Marketingbudgets investieren zu müssen.

E-Commerce-Unternehmen können Kurzvideos verwenden, um ihre Produkte auf visuell ansprechende Weise zu präsentieren und potenzielle Kunden zu überzeugen. Kurzvideos können verwendet werden, um Produktfunktionen zu demonstrieren, Kundenbewertungen zu teilen oder neue Produktangebote vorzustellen, um das Interesse der Zielgruppe zu wecken und den Umsatz zu steigern.

Influencer und Content Creator können Kurzvideos nutzen, um ihre persönliche Marke zu stärken und ihr Publikum zu unterhalten. Kurzvideos bieten Influencern die Möglichkeit, ihre Kreativität auszudrücken, neue Inhalte zu testen und mit ihrer Community in Kontakt zu treten. Durch regelmäßige Veröffentlichung von Kurzvideos können Influencer ihr Engagement steigern und ihre Reichweite aufbauen.

Marken und Unternehmen können Kurzvideos verwenden, um ihre Markenbotschaften auf unterhaltsame und ansprechende Weise zu kommunizieren. Kurzvideos ermöglichen es Marken, ihre Geschichten zu erzählen, ihre Werte zu vermitteln und ihre Produkte oder Dienstleistungen auf innovative Weise zu präsentieren. Durch den Einsatz von Kurzvideos können Marken eine emotionale Verbindung mit ihrer Zielgruppe herstellen und ihre Markenbekanntheit steigern.

Veranstaltungsplaner und Veranstalter können Kurzvideos nutzen, um ihre bevorstehenden Veranstaltungen zu bewerben und das Interesse potenzieller Teilnehmer zu wecken. Kurzvideos können verwendet werden, um einen Vorgeschmack auf die Veranstaltung zu geben, Highlights vergangener Veranstaltungen zu zeigen oder Interviews mit Referenten oder Teilnehmern zu teilen. Durch den Einsatz von Kurzvideos können Veranstalter das Engagement ihrer Zielgruppe steigern und die Teilnehmerzahl erhöhen.

Insgesamt ergibt der Einsatz von Kurzvideos Sinn für eine Vielzahl von Unternehmen und Organisationen, die ihre Marketingziele auf unterhaltsame, ansprechende und effektive Weise erreichen möchten. Durch den Einsatz von Kurzvideos können Unternehmen ihre Markenpräsenz stärken, ihr Engagement steigern und ihre Umsätze steigern, indem sie ihre Botschaften auf visuell ansprechende Weise kommunizieren.

Warum sind Reels und Kurzvideos wichtig für maximale Reichweite?

In der sich ständig weiterentwickelnden Landschaft des Social Media Marketings sind Reels und Kurzvideos zu einem unverzichtbaren Werkzeug geworden, um eine maximale Reichweite zu erzielen. Diese kurzen, knackigen Videoinhalte haben sich als äußerst effektiv erwiesen, um die Aufmerksamkeit der Nutzer zu erfassen, Engagement zu fördern und Inhalte viral zu verbreiten.

Der Hauptgrund für die Bedeutung von Reels und Kurzvideos für maximale Reichweite liegt in ihrer Fähigkeit, sich an die veränderten Vorlieben und das Nutzerverhalten anzupassen.

In der heutigen digitalen Ära ist die Aufmerksamkeitsspanne der Nutzer zu einem entscheidenden Faktor geworden, der die Art und Weise beeinflusst, wie Inhalte konsumiert und präsentiert werden. Studien zeigen, dass die durchschnittliche Aufmerksamkeitsspanne eines Menschen in den letzten Jahren dramatisch gesunken ist. Während in der Vergangenheit die Aufmerksamkeitsspanne bei etwa 12 Sekunden lag, beträgt sie heute oft weniger als 8 Sekunden. Dies ist teilweise auf die ständige Ablenkung durch digitale Medien und die Fülle von Informationen zurückzuführen, denen die Nutzer täglich ausgesetzt sind.

Diese verkürzte Aufmerksamkeitsspanne hat einen direkten Einfluss auf das Nutzerverhalten in den sozialen Medien. Nutzer scrollen schnell durch ihren Newsfeed und entscheiden innerhalb von Sekundenbruchteilen, ob ein Beitrag für sie relevant ist oder nicht. Lange Texte oder umfangreiche Videos werden oft ignoriert, da sie zu viel Zeit und Aufmerksamkeit erfordern. In dieser schnelllebigen

Umgebung ist es entscheidend, Inhalte zu präsentieren, die die Nutzer sofort ansprechen und ihre Aufmerksamkeit fesseln.

Genau hier kommen Reels und Kurzvideos ins Spiel. Ihre kurze Dauer und ihr unterhaltsames Format machen sie perfekt geeignet, um die verkürzte Aufmerksamkeitsspanne der Nutzer anzusprechen. Innerhalb weniger Sekunden können Reels und Kurzvideos eine Botschaft vermitteln oder eine Geschichte erzählen, ohne dass die Nutzer lange Zeit investieren müssen. Dies macht sie äußerst attraktiv für Nutzer, die schnell durch ihren Newsfeed scrollen und auf der Suche nach ansprechenden und prägnanten Inhalten sind.

Darüber hinaus passen sich Reels und Kurzvideos dem veränderten Nutzerverhalten an, das geprägt ist von einer Vorliebe für visuelle und unterhaltsame Inhalte. Anstatt lange Texte zu lesen oder umfangreiche Videos anzusehen, bevorzugen Nutzer Inhalte, die schnell konsumiert werden können und gleichzeitig unterhaltsam sind. Reels und Kurzvideos bieten genau das, indem sie komplexe Ideen und Geschichten in kurzer Zeit auf unterhaltsame und ansprechende Weise präsentieren.

Insgesamt zeigt die Bedeutung von Konzentrationsspanne und Nutzerverhalten, warum Reels und Kurzvideos zu einem so wichtigen Instrument geworden sind, um die Aufmerksamkeit der Nutzer zu erfassen und maximale Reichweite auf sozialen Medien zu erzielen. Durch ihre Fähigkeit, sich an die verkürzte Aufmerksamkeitsspanne anzupassen und Inhalte schnell und prägnant zu präsentieren, sind Reels und Kurzvideos optimal geeignet, um die gewünschte Zielgruppe zu erreichen und die Markenpräsenz zu stärken.

Ein weiterer wichtiger Aspekt ist die Viralität und das Teilen von Reels und Kurzvideos. Aufgrund ihrer Kürze und ihres unterhaltsamen Formats haben Reels und Kurzvideos eine höhere Wahrscheinlichkeit, viral zu gehen und von Nutzern auf sozialen Medien leicht geteilt zu werden.

Virale Inhalte verbreiten sich schnell und exponentiell über soziale Netzwerke und erreichen eine große Anzahl von Nutzern, oft weit über die direkte Zielgruppe hinaus. Dies führt nicht nur zu einer erheblichen Steigerung der Reichweite, sondern kann auch zu einem gesteigerten Engagement und einer verstärkten Markenbekanntheit führen.

Reels und Kurzvideos sind besonders anfällig für Viralität und Teilen aufgrund ihrer Kürze und ihres unterhaltsamen Formats. Kurze Videos lassen sich schnell konsumieren und sind leicht verdaulich, was die Wahrscheinlichkeit erhöht, dass sie von Nutzern auf sozialen Medien geteilt werden. Dies ist entscheidend, da geteilte Inhalte die Reichweite exponentiell erhöhen können, indem sie von den Netzwerken der Nutzer weiterverbreitet werden.

Der Akt des Teilens auf sozialen Medien hat sich zu einem integralen Bestandteil des Nutzerverhaltens entwickelt. Nutzer teilen Inhalte aus verschiedenen Gründen - sei es, um ihre Meinungen auszudrücken, interessante Informationen mit ihren Freunden zu teilen oder einfach nur, um sich mit anderen zu unterhalten. Reels und Kurzvideos erleichtern das Teilen, da sie schnell und einfach konsumiert werden können und oft eine emotionale Reaktion beim Betrachter hervorrufen.

Die Viralität und das Teilen von Reels und Kurzvideos bieten Unternehmen eine einzigartige Möglichkeit, ihre Reichweite und Sichtbarkeit in den sozialen Medien zu steigern. Durch virale Verbreitung können Unternehmen eine größere Anzahl von Nutzern erreichen, die sie möglicherweise sonst nicht erreicht hätten, und neue Zielgruppen erschließen. Darüber hinaus kann virales Teilen das Engagement und die Interaktion mit der Marke erhöhen, da Nutzer oft mit Freunden und Followern über geteilte Inhalte diskutieren und interagieren.

Abschließend zeigt die Einführung in Social Media Marketing die grundlegenden Konzepte und Bedeutungen dieses dynamischen Marketingbereichs auf. Von der zunehmenden Relevanz von Reels und Kurzvideos als Instrumente zur Maximierung der Reichweite bis hin zur Bedeutung der zielgerichteten Inhaltspräsentation für verschiedene Zielgruppen, bietet Social Media Marketing eine vielfältige Palette an Möglichkeiten für Unternehmen, um ihre Markenpräsenz zu stärken und ihre Ziele zu erreichen.

Im nächsten Kapitel werden wir uns ausführlich mit den Grundlagen des Social Media Marketings befassen. Wir werden die verschiedenen Plattformen und ihre Besonderheiten untersuchen, die Bedeutung einer fundierten Zielgruppenanalyse diskutieren und die Rolle einer gut durchdachten Content-Strategie hervorheben. Durch das Verständnis dieser grundlegenden Konzepte werden Sie in der Lage sein, Ihre Social Media Marketing-Bemühungen gezielter und effektiver zu gestalten.

Kapitel 2 Grundlagen des Social Media Marketings

In einer Ära, in der die digitalen Medienlandschaften zunehmend von sozialen Plattformen geprägt sind, hat sich das Social Media Marketing zu einem unverzichtbaren Instrument für Unternehmen entwickelt, um ihre Markenpräsenz zu stärken, ihre Zielgruppen zu erreichen und ihre Marketingziele zu erreichen. Dieses Kapitel widmet sich den grundlegenden Konzepten und Strategien des Social Media Marketings, um ein fundiertes Verständnis für die effektive Nutzung dieser mächtigen Plattformen zu vermitteln.

Die Grundlagen des Social Media Marketings bilden das Fundament für jede erfolgreiche Social Media Marketingstrategie. Von der Auswahl der richtigen Plattformen über die Entwicklung einer zielgerichteten Inhaltsstrategie bis hin zur Messung des Erfolgs und der Analyse von Daten – eine solide Kenntnis der grundlegenden Prinzipien ist entscheidend, um das volle Potenzial des Social Media Marketings auszuschöpfen.

Social-Media-Plattformen sind vielfältig und bieten verschiedene Möglichkeiten für Unternehmen, mit ihrer Zielgruppe zu interagieren und ihre Marketingziele zu erreichen. Jede Plattform hat ihre eigenen Besonderheiten, Zielgruppen und Werbemöglichkeiten, die es zu verstehen gilt, um eine fundierte Entscheidung über die Auswahl der richtigen Plattformen für die individuellen Marketingziele eines Unternehmens zu treffen.

Die wichtigsten Plattformen im Überblick (Facebook, Instagram, Twitter, LinkedIn usw.)

Um die facettenreiche Welt des Social Media Marketings ganzheitlich zu erfassen, werfen wir einen ausführlichen Blick auf einige der herausragenden Plattformen, die eine entscheidende Rolle in dieser digitalen Landschaft spielen. Jede dieser Plattformen bringt einzigartige Merkmale, Zielgruppen und Nutzungsgewohnheiten mit sich, weshalb ein differenziertes Verständnis für ihre Besonderheiten von zentraler Bedeutung ist.

Facebook

Facebook ist zweifellos das Schwergewicht unter den Social Media Plattformen und bildet ein grundlegendes Element jeder umfassenden Social Media Marketingstrategie. Mit mehr als 2 Milliarden monatlich aktiven Nutzern weltweit bietet diese Plattform ein riesiges, vielfältiges Publikum und unzählige Möglichkeiten für Unternehmen, mit ihrer Zielgruppe zu interagieren.

Eine der herausragenden Eigenschaften von Facebook im Kontext des Marketings ist die Möglichkeit, spezifische Zielgruppen äußerst präzise anzusprechen. Durch die Nutzung detaillierter demografischer Informationen, Interessen und Verhaltensweisen können Unternehmen gezielte Werbeanzeigen schalten, die genau auf die Bedürfnisse und Vorlieben ihrer potenziellen Kunden zugeschnitten sind. Dies ermöglicht nicht nur eine effektive Nutzung des Werbebudgets, sondern auch eine höhere Relevanz für die Zielgruppe.

Die Erstellung von Unternehmensseiten auf Facebook ist ein grundlegendes Instrument für Marken, um ihre Identität zu präsentieren und mit ihrer Community zu interagieren. Hier können Unternehmen nicht nur Informationen über ihre Produkte oder Dienstleistungen teilen, sondern auch authentische Einblicke in ihre Unternehmenskultur gewähren. Die Möglichkeit zur direkten Kommunikation mit Kunden und potenziellen Kunden schafft eine Nähe, die in anderen Marketingkanälen oft fehlt.

Das Veröffentlichen von Inhalten auf Facebook erfordert eine ausgewogene Mischung aus informativen, unterhaltsamen und visuell ansprechenden Elementen. Videos haben dabei einen besonderen Stellenwert, da sie oft mehr Aufmerksamkeit erzeugen und die Möglichkeit bieten, komplexe Botschaften auf eine leicht verdauliche Weise zu präsentieren.

Die Funktionen von Facebook erstrecken sich jedoch weit über einfache Beiträge hinaus. Live-Videos ermöglichen Echtzeitinteraktionen, was insbesondere für Produktvorstellungen, Q&A-Sessions oder Behind-the-Scenes-Einblicke nützlich ist. Facebook Gruppen bieten eine Plattform für Community-Building und den Austausch zwischen Gleichgesinnten.

Ein weiterer entscheidender Aspekt von Facebook ist die umfassende Analytik, die es Unternehmen ermöglicht, die Leistung ihrer Inhalte zu verstehen. Durch die Auswertung von Metriken wie Reichweite, Engagement und Conversion können Marketingstrategien kontinuierlich angepasst und optimiert werden.

Insgesamt ist Facebook nicht nur eine Plattform, um Inhalte zu teilen, sondern ein vielschichtiges Werkzeug, das Unternehmen nutzen können, um Verbindungen aufzubauen, Markenbekanntheit zu steigern und letztendlich geschäftlichen Erfolg zu fördern.

Instagram

Instagram, mit seiner visuellen Ausrichtung und enormen Reichweite, hat sich zu einer essenziellen Plattform im Social Media Marketing entwickelt. Mit über einer Milliarde monatlich aktiven Nutzern weltweit ist Instagram nicht nur eine Quelle für ästhetische Inspiration, sondern auch ein bedeutender Kanal für Unternehmen, um mit ihrer Zielgruppe auf kreative Weise zu interagieren.

Ein zentrales Element von Instagram ist der Fokus auf Bilder und kurzen Videos. Diese visuelle Ausrichtung ermöglicht es Unternehmen, ihre Markengeschichte auf eine ästhetisch ansprechende Weise zu erzählen. Der Instagram-Feed fungiert dabei als visuelle Visitenkarte, die dazu dient, Aufmerksamkeit zu erregen und die Persönlichkeit der Marke zu präsentieren.

Die Funktion der Instagram Stories erweitert die Möglichkeiten noch weiter. Unternehmen können hier spontane Einblicke hinter die Kulissen gewähren, zeitlich begrenzte Angebote teilen oder Umfragen durchführen, um die Interaktion mit der Community zu fördern. Die Ephemeralität dieser Inhalte erzeugt zudem ein Gefühl von Exklusivität, was die Aufmerksamkeit der Nutzer zusätzlich steigert.

IGTV (Instagram TV) bietet eine Plattform für längere Videos und ist ideal für Unternehmen, die ausführlichere Inhalte präsentieren möchten. Durch die Integration von Videoinhalten können Marken ihre Botschaften auf eine dynamische und ansprechende Weise vermitteln.

Die Nutzung von Hashtags auf Instagram ist entscheidend, um die Sichtbarkeit zu erhöhen und in relevanten Suchergebnissen präsent zu sein. Durch die gezielte Verwendung von Hashtags können Unternehmen ihre Beiträge für eine breitere Community zugänglich machen und an branchenspezifischen Diskussionen teilnehmen.

Instagram bietet auch vielfältige Werbemöglichkeiten. Von gesponserten Beiträgen über Instagram Shopping bis hin zu Influencer-Marketing ermöglichen die Werbeoptionen eine zielgerichtete Ansprache der Zielgruppe und unterstützen den Verkaufsprozess.

Die Analytik-Funktionen von Instagram Insights bieten wertvolle Einblicke in die Leistung von Beiträgen, Stories und dem Gesamtprofil. Dies ermöglicht es Unternehmen, den Erfolg ihrer Strategien zu messen und ihre Inhalte kontinuierlich zu optimieren.

Insgesamt ist Instagram nicht nur eine Plattform für ästhetisch ansprechende Inhalte, sondern ein kreativer Raum, in dem Unternehmen ihre Markengeschichte auf eine visuell überzeugende Weise präsentieren können.

X (damals Twitter)

X, mit seiner Echtzeit-Natur und seiner Begrenzung auf kurze Nachrichten, spielt eine einzigartige Rolle im Social Media Marketing. Mit über 330 Millionen monatlich aktiven Nutzern weltweit bietet Twitter eine Plattform für schnelle Informationen, Interaktionen und Trends, die Unternehmen geschickt nutzen können, um ihre Marke zu stärken und mit ihrer Zielgruppe in Dialog zu treten.

Die Kernstärke von Twitter liegt in der Kürze und Prägnanz der Beiträge. Mit nur 280 Zeichen pro Tweet sind Unternehmen herausgefordert, ihre Botschaften auf das Wesentliche zu reduzieren. Dies erfordert eine klare, präzise Formulierung von Inhalten und macht Twitter zu einem idealen Ort für spontane Updates, aktuelle Nachrichten und kurze Mitteilungen.

Hashtags spielen auf X eine zentrale Rolle. Sie ermöglichen es Unternehmen, an aktuellen Diskussionen teilzunehmen, ihre Tweets für ein breiteres Publikum sichtbar zu machen und an Trendthemen teilzunehmen. Die Nutzung von relevanten Hashtags erhöht die Reichweite und erleichtert es Nutzern, sich über bestimmte Themen zu informieren.

Die Funktion der Retweets fördert die Verbreitung von Inhalten innerhalb der Plattform. Unternehmen können auf diese Weise von zufriedenen Kunden, Influencern oder Followern unterstützt werden, indem ihre Tweets erneut geteilt werden. Dies schafft nicht nur zusätzliche Sichtbarkeit, sondern stärkt auch die Glaubwürdigkeit.

X eignet sich besonders gut für die Interaktion mit der Zielgruppe. Unternehmen können direkt auf Tweets antworten, Fragen beantworten und Feedback entgegennehmen. Diese direkte Kommunikation schafft eine persönliche Verbindung und zeigt, dass das Unternehmen aktiv zuhört und auf die Bedürfnisse seiner Community eingeht.

Die Funktion von X Moments ermöglicht es Unternehmen, Highlights und Geschichten in einer kuratierten Form zu präsentieren. Dies ist besonders nützlich für die Zusammenfassung von Ereignissen, Produktstarts oder Kampagnen.

X Ads bieten gezielte Werbemöglichkeiten, um bestimmte Zielgruppen zu erreichen. Promoted Tweets, Trends und Accounts ermöglichen Unternehmen, ihre Reichweite zu steigern und gezielt für Produkte, Veranstaltungen oder Initiativen zu werben.

Die Analytik-Plattform von X ermöglicht Unternehmen, die Leistung ihrer Tweets zu überwachen. Die Auswertung von Engagement-Raten, Impressions und Follower-Zuwachs hilft dabei, den Erfolg von Kampagnen zu messen und zukünftige Strategien zu optimieren.

Insgesamt ist X ein dynamisches Instrument im Social Media Marketing, das Unternehmen nutzen können, um schnell auf Trends zu reagieren, mit ihrer Community zu interagieren und prägnante Botschaften zu kommunizieren.

LinkedIn

LinkedIn, als führende Plattform für berufliche Vernetzung, bietet Unternehmen die Möglichkeit, gezielte B2B-Marketingstrategien zu entwickeln und professionelle Netzwerke aufzubauen. Mit über 700 Millionen Nutzern weltweit ist LinkedIn nicht nur ein Ort für individuelle Karrieren, sondern auch ein Schlüsselressource für Marken, um ihre Expertise zu präsentieren und geschäftliche Beziehungen zu fördern.

Eine der einzigartigen Funktionen von LinkedIn ist die Erstellung von Unternehmensseiten. Diese Seiten ermöglichen es Unternehmen, ihre Identität, Mission und Dienstleistungen darzustellen. Durch das Teilen von Unternehmensaktualisierungen, Artikeln und Veranstaltungen können Marken ihre Präsenz aufbauen und ihre Zielgruppe über aktuelle Entwicklungen informieren.

LinkedIn bietet auch Möglichkeiten für individuelle Profilseiten von Mitarbeitern, was Unternehmen dabei unterstützt, ihre Mitarbeiter als Botschafter der Marke zu positionieren. Mitarbeiter können ihre Expertise teilen, an Diskussionen teilnehmen und durch ihre Aktivität das Unternehmensimage stärken.

Die Funktion des Content-Marketings auf LinkedIn ist besonders effektiv. Unternehmen können als Branchenexperten wahrgenommen werden, indem sie relevante Artikel, Whitepapers und Infografiken teilen. Dies stärkt nicht nur das eigene Fachwissen, sondern zieht auch eine qualifizierte Zielgruppe an.

LinkedIn Groups ermöglichen es Unternehmen, sich in spezifischen Branchen oder Themenbereichen zu engagieren. Durch die Teilnahme an Diskussionen und das Teilen von relevanten

Ressourcen können Unternehmen ihre Sichtbarkeit erhöhen und wertvolle Kontakte knüpfen.

Die Funktion des LinkedIn Publishing ermöglicht es Benutzern, längere Artikel zu veröffentlichen und so ihre Gedankenführerschaft zu demonstrieren. Unternehmen können diese Funktion nutzen, um komplexe Themen zu erklären, Branchentrends zu analysieren oder Einblicke in ihre Arbeitsweise zu gewähren.

LinkedIn Ads bieten gezielte Werbemöglichkeiten, um spezifische Geschäftszweige oder Jobtitel anzusprechen. Promoted Content, Sponsored InMail und Display Ads sind Instrumente, um die Aufmerksamkeit einer professionellen Zielgruppe zu gewinnen.

Die Analytik-Tools von LinkedIn bieten Einblicke in die Leistung von Unternehmensseiten und veröffentlichtem Content. Unternehmen können die Effektivität ihrer Beiträge, das Wachstum ihres Netzwerks und die Interaktion mit ihrer Zielgruppe überwachen.

Zusammenfassend ist LinkedIn ein entscheidender Bestandteil für B2B-Marketingstrategien, der es Unternehmen ermöglicht, sich als Branchenführer zu positionieren, ihre Netzwerke zu erweitern und geschäftliche Beziehungen zu pflegen.

YouTube

YouTube, als die größte Videoplattform der Welt, bietet Unternehmen eine einzigartige Möglichkeit, ihre Markengeschichte visuell zu erzählen und eine globale Zielgruppe zu erreichen. Mit über 2 Milliarden eingeloggten monatlich aktiven Nutzern ist YouTube nicht nur eine Unterhaltungsquelle, sondern auch ein kraftvolles Instrument für Unternehmen, um ihre Botschaften durch Videos zu vermitteln.

Die zentrale Funktion von YouTube liegt in der Möglichkeit, umfassende Videoinhalte zu erstellen und zu teilen. Unternehmen können nicht nur Produktvorstellungen, Tutorials und Firmenvorstellungen präsentieren, sondern auch durch regelmäßige Video-Updates eine enge Bindung zu ihrer Community aufbauen.

Die Erstellung eines YouTube-Kanals ermöglicht es Unternehmen, ihre Inhalte zu organisieren und Abonnenten zu gewinnen. Die Abonnentenfunktion schafft eine engere Beziehung zur Zielgruppe, da sie über neue Videos informiert werden und so leicht auf dem Laufenden bleiben können.

YouTube bietet Live-Streaming-Funktionen, die Unternehmen nutzen können, um Events, Ankündigungen oder Q&A-Sessions in Echtzeit zu teilen. Diese direkte Interaktion stärkt die Beziehung zur Community und ermöglicht es Unternehmen, auf aktuelle Entwicklungen schnell zu reagieren.

Die Möglichkeit zur Monetarisierung über YouTube ermöglicht es qualitativ hochwertigen Content-Produzenten, mit ihren Videos Geld zu verdienen. Dies eröffnet Unternehmen nicht nur die

Möglichkeit, ihre Reichweite zu erhöhen, sondern auch zusätzliche Einnahmequellen zu generieren.

Die Funktion von Playlists auf YouTube erleichtert die Organisation von Inhalten nach Themen oder Serien. Dies ermöglicht es Unternehmen, ihre Videos strategisch zu präsentieren

und Zuschauer dazu zu ermutigen, mehr Zeit auf ihrem Kanal zu verbringen.

Die Integration von YouTube in andere Social Media Plattformen bietet Unternehmen die Möglichkeit, ihre Videos auf mehreren Kanälen zu teilen und so die Reichweite zu maximieren. Dies fördert nicht nur die Sichtbarkeit, sondern kann auch den Verkehr auf anderen Plattformen erhöhen.

YouTube Analytics bietet detaillierte Einblicke in die Leistung von Videos. Unternehmen können Metriken wie Watch Time, Viewer Demographics und Engagement-Raten analysieren, um den Erfolg ihrer Inhalte zu verstehen und zukünftige Strategien zu optimieren.

Insgesamt bietet YouTube Unternehmen die Möglichkeit, visuell ansprechende Inhalte zu präsentieren, eine engagierte Community aufzubauen und ihre Marke auf globaler Ebene zu stärken.

Pinterest

Pinterest, als visuelle Suchmaschine, hebt sich durch seine einzigartige Funktionalität ab und bietet Unternehmen eine Plattform, um ästhetische Inhalte zu teilen und in einer inspirierenden Umgebung präsent zu sein. Mit über 400 Millionen monatlich aktiven Nutzern weltweit ist Pinterest ein entscheidendes Werkzeug für visuell orientierte Marken, um ihre Produkte, Dienstleistungen und Geschichten zu präsentieren.

Die Grundlage von Pinterest sind Pins, visuelle Lesezeichen, die Nutzer auf Pinnwänden organisieren können. Unternehmen können Pins erstellen, die ihre Produkte, Projekte oder Ideen repräsentieren, und diese auf ihren eigenen Pinnwänden oder auf Community-Pinnwänden teilen.

Die Funktion von Pinnwänden ermöglicht es Unternehmen, ihre Pins nach Themen zu organisieren. Dies erleichtert es Nutzern, sich durch themenspezifische Inhalte zu navigieren und ermöglicht Unternehmen, ihre Markengeschichte auf vielfältige Weise zu erzählen.

Die Integration von Rich Pins bietet zusätzliche Informationen zu Pins, wie Preise, Verfügbarkeit oder Standort. Dies ermöglicht es Unternehmen, ihre Produkte genauer zu präsentieren und Nutzer direkt zu Handlungen wie Einkäufen oder Website-Besuchen zu bewegen.

Pinterest verfolgt einen Algorithmus, der Nutzern personalisierte Inhalte basierend auf ihren Interessen präsentiert. Durch die Verwendung relevanter Keywords und das Erstellen von ansprechenden Bildern können Unternehmen die Sichtbarkeit ihrer Pins erhöhen und gezielt Nutzer ansprechen.

Die Funktion von Gruppen-Pinnwänden, sogenannten Gruppenboards, ermöglicht die Zusammenarbeit mit anderen Nutzern. Unternehmen können mit Influencern oder Branchenpartnern zusammenarbeiten, um ihre Reichweite zu erweitern und eine breitere Zielgruppe anzusprechen.

Pinterest Shopping ermöglicht es Unternehmen, ihre Produkte direkt auf der Plattform zu präsentieren und den Nutzern ein nahtloses Einkaufserlebnis zu bieten. Dies fördert Impulskäufe und ermöglicht es Unternehmen, ihre Produkte auf inspirierende Weise zu präsentieren.

Pinterest Analytics bietet detaillierte Einblicke in die Performance von Pins und Pinnwänden. Unternehmen können Metriken wie Impressions, Klicks und Engagement-Raten analysieren, um den Erfolg ihrer Inhalte zu messen und zukünftige Strategien zu optimieren.

Zusammenfassend bietet Pinterest Unternehmen eine visuelle Bühne, um ihre Markengeschichte zu erzählen, ästhetische Inhalte zu teilen und eine engagierte Community aufzubauen.

Snapchat

Snapchat, als Plattform für das Teilen von Bildern und kurzen Videos, hat sich insbesondere bei jüngeren Zielgruppen als beliebtes Medium etabliert. Mit mehr als 300 Millionen monatlich aktiven Nutzern weltweit bietet Snapchat Unternehmen die Möglichkeit, durch authentische, spontane Inhalte eine einzigartige Verbindung zu ihrer Zielgruppe aufzubauen.

Die Grundlage von Snapchat sind Snaps, Bilder oder Videos, die Nutzer mit ihren Freunden teilen können. Unternehmen können Snaps nutzen, um hinter die Kulissen zu blicken, Produkte zu präsentieren oder exklusive Einblicke zu gewähren. Die begrenzte Sichtbarkeit der Snaps, die nach kurzer Zeit verschwinden, erzeugt ein Gefühl von Dringlichkeit und Exklusivität.

Die Funktion von Snapchat Stories ermöglicht es Unternehmen, Snaps zu einer zusammenhängenden Erzählung zu kombinieren. Unternehmen können ihre Story nutzen, um Ereignisse, Produktlaunches oder Aktionen chronologisch zu präsentieren und so eine kohärente Markengeschichte zu erzählen.

Snapchat Discover bietet eine Plattform für Medienunternehmen und Marken, um redaktionelle Inhalte zu teilen. Unternehmen können hier Artikel, Videos und interaktive Inhalte präsentieren, um ihre Zielgruppe zu informieren und zu unterhalten.

Die Funktion von Geofiltern und Augmented Reality (AR)-Linsen erweitert die kreative Palette auf Snapchat.

Unternehmen können eigene Filter erstellen, die Nutzer an bestimmten Standorten verwenden können, oder AR-Linsen nutzen, um interaktive und unterhaltsame Erfahrungen zu schaffen.

Snapchat bietet Werbemöglichkeiten wie Snap Ads, die zwischen den Stories der Nutzer erscheinen, und Sponsored Lenses, die Nutzern ermöglichen, mit Marken-AR-Elementen zu interagieren. Diese Werbeformen erlauben es Unternehmen, in den nativen Fluss von Snaps einzutauchen und ihre Botschaften auf eine originelle Weise zu präsentieren.

Die Funktion von Snap Map ermöglicht es Nutzern, ihren Standort mit Freunden zu teilen. Unternehmen können dies nutzen, um lokale Veranstaltungen zu bewerben, auf Standorte hinzuweisen oder gezielte Aktionen für Nutzer in bestimmten Gebieten anzubieten.

Snapchat Analytics bietet Unternehmen Einblicke in die Leistung ihrer Snaps, Stories und Werbekampagnen. Metriken wie Views, Engagement und Conversions helfen Unternehmen dabei, den Erfolg ihrer Inhalte zu verstehen und ihre Snapchat-Strategien zu optimieren.

Insgesamt ermöglicht Snapchat Unternehmen, durch visuelle, kurzlebige Inhalte eine persönliche Verbindung zu ihrer Zielgruppe aufzubauen.

TikTok

TikTok, als aufstrebende Plattform für kurze, unterhaltsame Videos, hat in kurzer Zeit eine beeindruckende Reichweite erzielt und eine junge, kreative Community angezogen. Mit mehr als einer Milliarde monatlich aktiven Nutzern weltweit bietet TikTok Unternehmen die Chance, durch kreative und authentische Inhalte eine einzigartige Verbindung zu einer breiten Zielgruppe aufzubauen.

Die Grundlage von TikTok sind kurze Videos, die oft von Musik begleitet werden. Unternehmen können TikTok nutzen, um ihre Marke auf spielerische Weise zu präsentieren, Herausforderungen (Challenges) zu initiieren oder an bestehenden Trends teilzunehmen. Die Kreativität und Authentizität stehen im Mittelpunkt, und Unternehmen haben die Möglichkeit, ihre Persönlichkeit auf eine lockere und zugängliche Weise zu zeigen.

Die Funktion von Hashtags spielt auf TikTok eine entscheidende Rolle. Durch die Nutzung relevanter Hashtags können Unternehmen ihre Inhalte einer breiteren Community zugänglich machen und an aktuellen Trends teilnehmen. Trending Hashtags können dabei helfen, organische Reichweite zu generieren und virale Effekte zu erzielen.

Die Duettfunktion ermöglicht es Nutzern, auf Videos anderer zu reagieren oder sich daran zu beteiligen. Unternehmen können diese Funktion nutzen, um Interaktionen mit ihrer

Community zu fördern, Feedback zu erhalten oder an User-Generated Content teilzunehmen.

TikTok Live bietet die Möglichkeit, Echtzeit-Interaktionen mit der Zielgruppe zu fördern. Unternehmen können Live-Streams nutzen, um hinter die Kulissen zu blicken, Produktvorstellungen zu machen oder Q&A-Sessions durchzuführen. Die direkte Interaktion schafft Nähe und Authentizität.

Die TikTok Creator Fund und Live Gifts ermöglichen es Content-Erstellern, Einnahmen zu generieren. Unternehmen können mit Influencern oder TikTok-Stars zusammenarbeiten, um ihre Marke einem breiteren Publikum vorzustellen und ihre Produkte organisch zu präsentieren.

Die Werbeoptionen auf TikTok, wie In-Feed Ads, Branded Hashtag Challenges und Branded Effects, bieten Unternehmen die Möglichkeit, ihre Botschaften gezielt zu platzieren und mit der jungen Zielgruppe zu interagieren. Die nahtlose Integration von Werbung in den nativen TikTok-Content fördert die Aufmerksamkeit und Interaktion.

Die Analytik-Tools von TikTok ermöglichen Unternehmen Einblicke in die Performance ihrer Videos. Metriken wie Views, Engagement-Raten und Follower-Zuwachs helfen dabei, den Erfolg von TikTok-Kampagnen zu messen und zukünftige Inhalte zu optimieren.

Zielgruppenanalyse und -segmentierung

Eine umfassende Zielgruppenanalyse ist ein grundlegender Schritt für jedes erfolgreiche Social Media Marketing. Unternehmen müssen ihre Zielgruppe gründlich verstehen, um gezielte Marketingstrategien entwickeln zu können, die das Engagement erhöhen und die Conversion-Raten verbessern. Diese Analyse umfasst mehrere Aspekte, darunter demografische Merkmale, Verhaltensweisen, psychografische Merkmale und Segmentierung.

Die demografische Analyse ist ein essenzieller Schritt bei der Zielgruppenanalyse im Social Media Marketing. Sie beinhaltet die Untersuchung von demografischen Merkmalen wie Alter, Geschlecht, Standort und anderen grundlegenden Faktoren, um ein umfassendes Verständnis der Hauptzielgruppe zu gewinnen.

Das Alter der Zielgruppe ist ein entscheidender Faktor, der ihre Präferenzen, Interessen und Verhaltensweisen beeinflusst. Ein Verständnis des Alters ermöglicht es Unternehmen, Inhalte zu erstellen, die auf die spezifischen Bedürfnisse und Vorlieben der Zielgruppe zugeschnitten sind. Darüber hinaus kann das Geschlecht wichtige Einblicke liefern, da Männer und Frauen oft unterschiedliche Konsumgewohnheiten und Interessen haben.

Der Standort der Zielgruppe ist ebenfalls von Bedeutung, da geografische Unterschiede kulturelle und regionale Variationen in den Präferenzen und Bedürfnissen der Zielgruppe widerspiegeln können. Unternehmen können gezielte Marketingbotschaften entwickeln, die auf die einzigartigen Eigenschaften und Anforderungen der verschiedenen geografischen Standorte abgestimmt sind.

Weitere demografische Faktoren wie Bildungsstand, Einkommen und Familienstand können ebenfalls wichtige Einblicke liefern und die Zielgruppe genauer charakterisieren. Ein Verständnis dieser demografischen Merkmale ermöglicht es Unternehmen, Marketingstrategien zu entwickeln, die auf die spezifischen Bedürfnisse und Interessen ihrer Zielgruppe abgestimmt sind und somit effektiver sind.

Die demografische Analyse ist ein unverzichtbarer Schritt bei der Zielgruppenanalyse im Social Media Marketing. Durch das Verständnis der demografischen Merkmale ihrer Zielgruppe können Unternehmen gezieltere Marketingstrategien entwickeln, die darauf abzielen, die Bedürfnisse und Vorlieben ihrer Zielgruppe zu erfüllen und somit eine größere Wirkung und Effizienz in ihren Social Media Marketingkampagnen zu erzielen.

Die Verhaltensanalyse ist ein wesentlicher Bestandteil der Zielgruppenanalyse im Social Media Marketing, der darauf abzielt, das Online-Verhalten, die Interessen, das Kaufverhalten und andere Verhaltensweisen der Zielgruppe zu verstehen. Diese Analyse liefert wertvolle Einblicke, die es Unternehmen ermöglichen, relevante und ansprechende Inhalte zu erstellen, die die Zielgruppe effektiv ansprechen.

Das Online-Verhalten der Zielgruppe umfasst Aktivitäten wie Surfgewohnheiten, Nutzung von sozialen Medien, Interaktionen mit Inhalten und vieles mehr. Durch das Verständnis des Online-Verhaltens können Unternehmen die bevorzugten Plattformen,

Inhaltsarten und Interaktionsweisen ihrer Zielgruppe identifizieren und ihre Marketingbemühungen entsprechend ausrichten.

Die Interessen der Zielgruppe spielen ebenfalls eine wichtige Rolle bei der Verhaltensanalyse. Indem Unternehmen die Interessen ihrer Zielgruppe verstehen, können sie Inhalte entwickeln, die auf diese Interessen abzielen und die Aufmerksamkeit der Zielgruppe auf sich ziehen. Dies ermöglicht es Unternehmen, relevante und ansprechende Inhalte zu erstellen, die das Engagement und die Interaktion mit der Zielgruppe fördern.

Das Kaufverhalten der Zielgruppe ist ein weiterer wichtiger Aspekt der Verhaltensanalyse. Indem Unternehmen das Kaufverhalten ihrer Zielgruppe verstehen, können sie Einblicke gewinnen, die es ihnen ermöglichen, gezielte Marketingbotschaften zu entwickeln, die auf die Kaufabsichten und Bedürfnisse der Zielgruppe abgestimmt sind. Dies ermöglicht es Unternehmen, effektive Marketingstrategien zu entwickeln, die darauf abzielen, die Conversion-Raten zu verbessern und den Umsatz zu steigern.

Die Verhaltensanalyse ist somit ein wesentlicher Schritt bei der Zielgruppenanalyse im Social Media Marketing. Durch das Verständnis des Online-Verhaltens, der Interessen und des Kaufverhaltens ihrer Zielgruppe können Unternehmen relevante und ansprechende Inhalte erstellen, die das Engagement erhöhen und die Conversion-Raten verbessern, was zu einem insgesamt erfolgreichen Social Media Marketing führt.

Die psychografische Analyse ist ebenfalls ein wichtiger Bestandteil der Zielgruppenanalyse im Social Media Marketing, der darauf abzielt, ein tiefes Verständnis für die Werte, Lebensstile, Einstellungen und Motivationen der Zielgruppe zu gewinnen. Diese Analyse liefert wertvolle Einblicke, die es Unternehmen ermöglichen, personalisierte Marketingbotschaften zu entwickeln, die auf die individuellen Motivationen und Vorlieben ihrer Zielgruppe zugeschnitten sind.

Die psychografische Analyse umfasst die Untersuchung einer Vielzahl von psychologischen Faktoren, darunter die Werte und Überzeugungen der Zielgruppe. Indem Unternehmen die Werte ihrer Zielgruppe verstehen, können sie Marketingbotschaften entwickeln, die mit den Kernwerten der Zielgruppe in Einklang stehen und eine tiefere emotionale Verbindung aufbauen.

Die Lebensstile der Zielgruppe spielen ebenfalls eine wichtige Rolle bei der psychografischen Analyse. Indem Unternehmen die Lebensstile ihrer Zielgruppe verstehen, können sie Marketingstrategien entwickeln, die auf die Lebensumstände und Aktivitäten ihrer Zielgruppe abgestimmt sind. Dies ermöglicht es Unternehmen, relevante und ansprechende Inhalte zu erstellen, die das Leben ihrer Zielgruppe bereichern und einen Mehrwert bieten.

Die Einstellungen und Motivationen der Zielgruppe sind ebenfalls entscheidend für die psychografische Analyse. Indem Unternehmen die Einstellungen und Motivationen ihrer Zielgruppe verstehen, können sie Marketingbotschaften entwickeln, die auf die Bedürfnisse, Wünsche und Ziele ihrer Zielgruppe abgestimmt sind. Dies ermöglicht es Unternehmen, gezielte Marketingstrategien zu entwickeln, die darauf abzielen, die spezifischen Bedürfnisse und Vorlieben ihrer Zielgruppe zu erfüllen.

Durch das Verständnis der Werte, Lebensstile, Einstellungen und Motivationen ihrer Zielgruppe können Unternehmen personalisierte Marketingbotschaften entwickeln, die das Engagement erhöhen und eine tiefere emotionale Verbindung mit ihrer Zielgruppe aufbauen, was zu einem insgesamt erfolgreichen Social Media Marketing führt.

Die Segmentierung ist ein entscheidender Schritt bei der Zielgruppenanalyse im Social Media Marketing, der darauf abzielt, die Zielgruppe in homogene Segmente aufzuteilen, um gezielte Marketingansätze zu entwickeln. Durch die Segmentierung können Unternehmen ihre Marketingstrategien besser auf die individuellen Bedürfnisse, Vorlieben und Verhaltensweisen ihrer Zielgruppe zuschneiden und somit effektivere Ergebnisse erzielen.

Die Segmentierung basiert auf der Identifizierung gemeinsamer Merkmale oder Verhaltensweisen innerhalb der Zielgruppe. Dies können demografische Merkmale wie Alter, Geschlecht und Standort sein, aber auch psychografische Merkmale wie Werte, Lebensstile und Einstellungen. Durch die Segmentierung können Unternehmen ihre Zielgruppe in Gruppen einteilen, die ähnliche Merkmale aufweisen und somit ähnliche Bedürfnisse und Vorlieben haben.

Die Segmentierung ermöglicht es Unternehmen, gezieltere Marketingansätze zu entwickeln, die auf die spezifischen Bedürfnisse und Vorlieben der verschiedenen Segmente ihrer Zielgruppe abgestimmt sind. Indem Unternehmen ihre Marketingbotschaften und Inhalte auf die Bedürfnisse und Interessen jedes Segments zuschneiden, können sie eine größere Wirkung erzielen und eine tiefere emotionale Verbindung mit ihrer Zielgruppe aufbauen.

Darüber hinaus ermöglicht die Segmentierung Unternehmen, ihre Ressourcen effizienter einzusetzen, indem sie ihre Marketingaktivitäten auf die Segmente konzentrieren, die das größte Potenzial für Wachstum und Erfolg bieten. Indem Unternehmen ihre Zielgruppe in homogene Segmente aufteilen, können sie ihre Marketingstrategien besser an die Bedürfnisse und Vorlieben ihrer Zielgruppe anpassen und somit erfolgreicher sein.

Durch die Segmentierung können Unternehmen ihre Marketingstrategien besser auf die individuellen Bedürfnisse, Vorlieben und Verhaltensweisen ihrer Zielgruppe zuschneiden und somit effektivere Ergebnisse erzielen, was zu einem insgesamt erfolgreichen Social Media Marketing führt.

Content-Strategie entwickeln

Die Entwicklung einer Content-Strategie ist ein entscheidender Schritt für jedes erfolgreiche Social Media Marketing. Eine gut durchdachte Content-Strategie legt den Rahmen für die Erstellung, Veröffentlichung und Verwaltung von Inhalten fest, die die Zielgruppe ansprechen, das Engagement fördern und letztendlich die Marketingziele des Unternehmens unterstützen.

Die Definition von klaren und spezifischen Zielen ist ein entscheidender erster Schritt bei der Entwicklung einer Content-Strategie im Social Media Marketing. Ziele geben den Rahmen vor, in dem die gesamte Strategie entwickelt wird, und helfen dabei, den Fokus auf die wichtigsten Aspekte des Inhalts und der Aktivitäten zu legen.

Zu Beginn ist es wichtig, sich über die übergeordneten Ziele des Unternehmens im Klaren zu sein und sicherzustellen, dass die Content-Strategie dazu beiträgt, diese Ziele zu erreichen. Dies können Ziele wie die Steigerung der Markenbekanntheit, die Lead-Generierung, die Kundenbindung, der Umsatzwachstum oder andere sein. Die Ziele sollten spezifisch, messbar, erreichbar, relevant und zeitgebunden sein (SMART-Ziele), um sicherzustellen, dass sie klar definiert und realistisch sind.

Darüber hinaus ist es wichtig, die Zielgruppe im Auge zu behalten und sicherzustellen, dass die Ziele auf ihre Bedürfnisse und Vorlieben zugeschnitten sind. Dies bedeutet, die Ziele so zu formulieren, dass sie die gewünschte Reaktion oder Aktion der Zielgruppe hervorrufen, sei es die Interaktion mit Inhalten, das Teilen von Beiträgen, das Ausfüllen von Formularen oder der Kauf von Produkten.

Zudem sollten die Ziele im Einklang mit den Ressourcen und Möglichkeiten des Unternehmens stehen. Dies bedeutet, realistische Ziele zu setzen, die mit den verfügbaren Ressourcen, wie Zeit, Budget und Personal, erreicht werden können. Es ist wichtig, realistische Erwartungen zu haben und sicherzustellen, dass die Ziele erreichbar sind, um Frustration und Enttäuschung zu vermeiden.

Darüber hinaus ist es wichtig, die Bedürfnisse und Vorlieben der Zielgruppe zu verstehen. Indem Unternehmen die Bedürfnisse ihrer Zielgruppe verstehen, können sie Inhalte erstellen, die relevant und ansprechend sind und somit das Engagement und die Interaktion fördern.

Um die Bedürfnisse der Zielgruppe zu verstehen, ist es wichtig, sich intensiv mit ihr auseinanderzusetzen und Einblicke in ihre Präferenzen, Interessen und Herausforderungen zu gewinnen. Dies kann durch die Analyse von Daten, wie demografischen Informationen, Interaktionen mit früheren Inhalten und Kundenfeedback, erfolgen. Darüber hinaus können direkte Gespräche oder Umfragen mit der Zielgruppe wertvolle Einblicke liefern.

Ein tiefes Verständnis der Bedürfnisse der Zielgruppe ermöglicht es Unternehmen, Inhalte zu erstellen, die auf ihre spezifischen Bedürfnisse und Interessen abgestimmt sind. Dies kann die Bereitstellung von Lösungen für ihre Probleme, die Beantwortung ihrer Fragen oder die Bereitstellung von unterhaltsamen und inspirierenden Inhalten umfassen. Indem Unternehmen Inhalte erstellen, die auf die Bedürfnisse ihrer Zielgruppe eingehen, können sie eine tiefere emotionale Verbindung aufbauen und das Engagement und die Interaktion mit ihrer Zielgruppe fördern.

Es ist wichtig zu beachten, dass die Bedürfnisse der Zielgruppe sich im Laufe der Zeit ändern können, daher ist es wichtig, kontinuierlich Feedback zu sammeln und die Content-Strategie entsprechend anzupassen. Durch die kontinuierliche Analyse von Daten und das Sammeln von Feedback können Unternehmen sicherstellen, dass ihre Inhalte relevant und ansprechend bleiben und die sich ändernden Bedürfnisse ihrer Zielgruppe ansprechen.

Indem Unternehmen die Bedürfnisse ihrer Zielgruppe verstehen und Inhalte erstellen, die darauf abzielen, diese Bedürfnisse zu erfüllen, können sie das Engagement und die Interaktion mit ihrer Zielgruppe fördern und letztendlich den Erfolg ihrer Marketingbemühungen steigern.

Die Auswahl der richtigen Inhaltsarten und -formate ist ein entscheidender Schritt bei der Entwicklung einer Content-Strategie im Social Media Marketing. Unterschiedliche Inhaltsarten und -formate sprechen unterschiedliche Zielgruppen an und können verschiedene Ziele unterstützen. Daher ist es wichtig, sorgfältig zu evaluieren, welche Inhaltsarten und -formate am besten zur Erreichung der Ziele und zur Ansprache der Zielgruppe beitragen.

Eine der grundlegendsten Entscheidungen bei der Auswahl von Inhaltsarten und -formate ist die Wahl zwischen textbasierten, visuellen oder audiovisuellen Inhalten. Textbasierte Inhalte, wie Blogposts oder Social-Media-Beiträge, sind ideal für die Kommunikation von Informationen und das Teilen von Gedanken und Meinungen. Visuelle Inhalte, wie Bilder oder Infografiken, können hervorragend eingesetzt werden, um komplexe Informationen leicht verständlich zu machen und die Aufmerksamkeit der Zielgruppe zu erregen. Audiovisuelle Inhalte, wie Videos oder Podcasts, bieten eine immersive Erfahrung und sind ideal für das Erzählen von Geschichten und das Vermitteln von Emotionen.

Darüber hinaus ist es wichtig, die verschiedenen Plattformen und Kanäle zu berücksichtigen, auf denen die Inhalte veröffentlicht werden sollen. Jede Plattform hat ihre eigenen Besonderheiten und Funktionen, die sich darauf auswirken, welche Inhaltsarten und -formate am besten geeignet sind. Zum Beispiel sind kurze Videos oder Reels ideal für Plattformen wie Instagram oder TikTok, während längere Videos oder Live-Streams besser auf Plattformen wie YouTube oder Facebook funktionieren können.

Die Auswahl der richtigen Inhaltsarten und -formate hängt auch von den Zielen der Content-Strategie ab. Wenn das Ziel darin besteht, die Markenbekanntheit zu steigern, können visuelle Inhalte wie Bilder oder Infografiken helfen, die Aufmerksamkeit auf die Marke zu lenken. Wenn das Ziel jedoch darin besteht, das Engagement zu fördern, können interaktive Inhalte wie Umfragen oder Quizze dazu beitragen, die Interaktion der Zielgruppe zu steigern.

Die Erstellung eines Content-Kalenders ist ein wesentlicher Schritt bei der Entwicklung einer Content-Strategie im Social Media Marketing. Ein Content-Kalender dient dazu, die Veröffentlichung von Inhalten zu planen und sicherzustellen, dass eine konsistente Präsenz auf den Social-Media-Plattformen gewährleistet ist. Durch die Planung von Inhalten im Voraus können Unternehmen sicherstellen, dass sie regelmäßig hochwertige Inhalte veröffentlichen, die die Zielgruppe ansprechen und das Engagement fördern.

Bei der Erstellung eines Content-Kalenders ist es wichtig, die verschiedenen Phasen des Content-Lebenszyklus zu berücksichtigen, von der Ideenfindung über die Erstellung bis hin zur

Veröffentlichung und Verwaltung der Inhalte. Der Content-Kalender sollte daher einen klaren Zeitplan für jede Phase des Content-Lebenszyklus enthalten, einschließlich der geplanten Veröffentlichungsdaten, der Inhaltsarten und -formate, der Zielgruppen und der verwendeten Plattformen.

Ein wichtiger Aspekt bei der Erstellung eines Content-Kalenders ist die Berücksichtigung der aktuellen Trends und Ereignisse, die für die Zielgruppe relevant sind. Durch die Integration von aktuellen Themen und Ereignissen in den Content-Kalender können Unternehmen sicherstellen, dass ihre Inhalte relevant und ansprechend sind und das Engagement der Zielgruppe fördern. Dies kann die Verwendung von Hashtags oder Themen-Trends beinhalten, um die Sichtbarkeit der Inhalte zu erhöhen und die Interaktion der Zielgruppe zu steigern.

Darüber hinaus ist es wichtig, den Content-Kalender regelmäßig zu überprüfen und anzupassen, um sicherzustellen, dass er weiterhin den Bedürfnissen und Vorlieben der Zielgruppe entspricht. Dies kann die Aktualisierung von Inhalten, die Anpassung von Veröffentlichungsdaten oder die Integration neuer Inhaltsarten und -formate umfassen, um sicherzustellen, dass der Content-Kalender relevant und ansprechend bleibt.

Verschiedene Plattformen bieten unterschiedliche Funktionen und Zielgruppen, daher ist es wichtig, sorgfältig zu evaluieren, auf welchen Plattformen und Kanälen das Unternehmen präsent sein sollte, um seine Marketingziele zu erreichen und die Zielgruppe effektiv anzusprechen.

Zu Beginn ist es wichtig, die Zielgruppe des Unternehmens zu analysieren und zu verstehen, auf welchen Plattformen und Kanälen sie am häufigsten aktiv ist. Dies kann durch die Analyse von demografischen Daten, Interaktionen mit früheren Inhalten und Kundenfeedback erfolgen. Indem Unternehmen die bevorzugten Plattformen und Kanäle ihrer Zielgruppe identifizieren, können sie sicherstellen, dass ihre Inhalte dort präsent sind, wo ihre Zielgruppe am ehesten erreicht wird.

Darüber hinaus ist es wichtig, die verschiedenen Funktionen und Möglichkeiten jeder Plattform und jedes Kanals zu berücksichtigen und sicherzustellen, dass die Inhalte entsprechend angepasst sind. Jede Plattform hat ihre eigenen Besonderheiten und Funktionen, die sich darauf auswirken, welche Inhaltsarten und -formate am besten geeignet sind. Zum Beispiel sind kurze Videos oder Reels ideal für Plattformen wie Instagram oder TikTok, während längere Videos oder Live-Streams besser auf Plattformen wie YouTube oder Facebook funktionieren können.

Ein weiterer wichtiger Aspekt bei der Festlegung von Plattformen und Kanälen ist die Berücksichtigung der Marketingziele des Unternehmens. Je nach den Zielen der Content-Strategie können bestimmte Plattformen und Kanäle besser geeignet sein, um diese Ziele zu erreichen. Zum Beispiel können Plattformen wie LinkedIn oder Xing besser für die Lead-Generierung und das Networking geeignet sein, während Plattformen wie Instagram oder Pinterest besser für die Steigerung der Markenbekanntheit und das Engagement geeignet sein können.

Die Festlegung von Plattformen und Kanälen ist ein entscheidender Schritt bei der Entwicklung einer Content-Strategie im Social Media Marketing. Indem Unternehmen die Bedürfnisse und Vorlieben ihrer Zielgruppe berücksichtigen, die verschiedenen Funktionen und Möglichkeiten jeder Plattform und jedes Kanals evaluieren und ihre Marketingziele im Auge behalten, können sie eine Content-Strategie entwickeln, die auf den richtigen Plattformen und Kanälen präsent ist und ihre Ziele effektiv unterstützt.

Die regelmäßige Überwachung und Analyse von Kennzahlen ermöglicht es Unternehmen, den Erfolg ihrer Inhalte zu messen, Einblicke in das Verhalten ihrer Zielgruppe zu gewinnen und ihre Marketingstrategien kontinuierlich zu optimieren.

Zu Beginn ist es wichtig, klare Ziele und KPIs (Key Performance Indicators) festzulegen, die gemessen werden sollen. Diese können Reichweite, Engagement, Conversions, Lead-Generierung, Umsatzwachstum und andere sein. Indem Unternehmen klare Ziele und KPIs festlegen, können sie den Erfolg ihrer Inhalte objektiv messen und den Fortschritt im Laufe der Zeit verfolgen.

Darüber hinaus ist es wichtig, die richtigen Tools und Technologien zur Messung und Analyse der Leistung von Inhalten zu verwenden. Es gibt eine Vielzahl von Tools und Plattformen, die Unternehmen dabei unterstützen können, ihre Social-Media-Aktivitäten zu überwachen und zu analysieren, wie z.B. Google Analytics, Facebook Insights, Twitter Analytics, LinkedIn Analytics und viele mehr. Indem Unternehmen die richtigen Tools und Technologien verwenden, können sie Einblicke in das Verhalten ihrer Zielgruppe gewinnen und die Leistung ihrer Inhalte objektiv messen.

Ein weiterer wichtiger Aspekt bei der Planung von Messung und Analyse ist die regelmäßige Überwachung und Auswertung von Kennzahlen. Unternehmen sollten regelmäßig die Leistung ihrer Inhalte überwachen und analysieren, um Trends zu identifizieren, Potenziale für Verbesserungen zu erkennen und ihre Marketingstrategien entsprechend anzupassen. Dies kann die Anpassung von Inhalten, die Optimierung von Veröffentlichungszeiten oder die Anpassung von Zielgruppen und Kanälen umfassen.

Schließlich ist es wichtig, die Ergebnisse der Messung und Analyse regelmäßig zu dokumentieren und zu kommunizieren. Durch die Dokumentation und Kommunikation der Ergebnisse können Unternehmen sicherstellen, dass alle relevanten Stakeholder über den Erfolg der Inhalte informiert sind und dass Erkenntnisse aus der Analyse in zukünftige Marketingstrategien einfließen.

Die Grundlagen des Social Media Marketings bilden das Fundament für eine erfolgreiche Präsenz und Kommunikation in digitalen Medien. Von der Definition klarer Ziele über die Auswahl geeigneter Plattformen und Kanäle bis hin zur sorgfältigen Planung und Analyse - jedes Element dieses Kapitels trägt dazu bei, eine solide Content-Strategie zu entwickeln, die das Engagement steigert und die gewünschten Ergebnisse erzielt.

Indem Unternehmen die Grundlagen des Social Media Marketings verstehen und diese in ihre Strategie integrieren, legen sie den Grundstein für effektive Kommunikation und Interaktion mit ihrer

Zielgruppe. Die Einbindung von Daten und Analysen ermöglicht es, den Erfolg der Strategie objektiv zu messen und kontinuierlich zu optimieren.

Als nächstes werden wir uns im folgenden Kapitel III eingehend mit der Bedeutung von Reels und Kurzvideos auseinandersetzen. Diese Formate gewinnen zunehmend an Bedeutung und bieten Unternehmen neue Möglichkeiten, ihre Botschaften kreativ zu präsentieren und eine maximale Reichweite zu erzielen. Lasst uns eintauchen und verstehen, wie Reels und Kurzvideos das Social Media Marketing verändern können.

Mit einem starken Fundament in den Grundlagen des Social Media Marketings sind wir bereit, den nächsten Schritt zu machen und die Welt der Reels und Kurzvideos zu erkunden.

Kapitel 3 Reels und Kurzvideos verstehen

In der heutigen digitalen Ära sind Reels und Kurzvideos zu einem integralen Bestandteil des Social Media Marketings geworden. Diese kurzen, prägnanten Clips bieten Unternehmen eine einzigartige Möglichkeit, ihre Botschaften schnell und wirkungsvoll zu vermitteln, das Engagement ihrer Zielgruppe zu steigern und eine maximale Reichweite zu erzielen. In diesem Kapitel werden wir uns eingehend mit der Bedeutung von Reels und Kurzvideos im Kontext des Social Media Marketings befassen und verstehen, wie Unternehmen diese Formate effektiv nutzen können, um ihre Marketingziele zu erreichen.

Der Aufstieg von Reels und Kurzvideos als beliebte Formate im Social Media Marketing ist eng mit der sich verändernden Mediennutzung und dem Verhalten der Nutzer verbunden. In einer Zeit, in der die Aufmerksamkeitsspanne der Menschen immer kürzer wird und die Informationssättigung stetig zunimmt, bieten Reels und Kurzvideos eine effektive Möglichkeit, Inhalte schnell zu konsumieren und eine emotionale Verbindung herzustellen. Die zunehmende Beliebtheit von Plattformen wie TikTok, Instagram Reels und Snapchat unterstreicht die wachsende Relevanz dieser Formate für Unternehmen, die mit ihrer Zielgruppe in Kontakt treten möchten.

Reels und Kurzvideos ermöglichen es Unternehmen, ihre Botschaften auf kreative und unterhaltsame Weise zu präsentieren und dabei eine emotionale Bindung zu ihrer Zielgruppe aufzubauen. Durch die Kombination von visuellen Elementen, Musik und kurzen, prägnanten Texten können Unternehmen komplexe Informationen leicht verständlich machen und die Aufmerksamkeit ihrer Zielgruppe auf sich ziehen. Darüber hinaus bieten Reels und Kurzvideos eine hervorragende Möglichkeit, Inhalte schnell und einfach zu konsumieren, was zu einer höheren Interaktionsrate und einer verbesserten Markenwahrnehmung führen kann.

Bei der Nutzung von Reels und Kurzvideos im Social Media Marketing ist es wichtig, klare Ziele und eine effektive Strategie zu haben. Ob es darum geht, die Markenbekanntheit zu steigern, das Engagement zu fördern, Leads zu generieren oder den Umsatz zu steigern - die richtigen Ziele und Strategien helfen Unternehmen, das volle Potenzial dieser Formate auszuschöpfen und ihre Marketingziele zu erreichen.

In diesem Kapitel werden wir uns eingehend mit der Bedeutung von Reels und Kurzvideos im Social Media Marketing auseinandersetzen. Wir werden die Evolution dieser Formate untersuchen, ihre Bedeutung für Unternehmen verstehen und die besten Praktiken und Strategien für ihren effektiven Einsatz kennenlernen. Durch ein fundiertes Verständnis von Reels und Kurzvideos können Unternehmen ihre Content-Strategie optimieren und eine maximale Reichweite erzielen.

Was sind Reels und Kurzvideos?

Du scrollst durch deine Lieblings-Apps auf dem Smartphone und bleibst immer wieder an kurzen, knackigen Videos hängen, die dein Interesse wecken und dich zum Lachen bringen? Das sind höchstwahrscheinlich Reels und Kurzvideos, die in den letzten Jahren eine regelrechte Revolution in den sozialen Medien ausgelöst haben. Aber was sind diese kleinen Clips eigentlich genau? In diesem Abschnitt werden wir die Welt der Reels und Kurzvideos erkunden, um ein besseres Verständnis dafür zu bekommen, wie sie funktionieren und warum sie so beliebt sind.

Reels und Kurzvideos sind kurze Videoclips, die in der Regel zwischen 15 und 60 Sekunden lang sind und auf verschiedenen Social-Media-Plattformen wie Instagram, TikTok, Snapchat und Twitter geteilt werden können. Sie sind eine Form von visuellem Content, der es Nutzern ermöglicht, schnell und unterhaltsam Informationen zu konsumieren, sich mit anderen zu verbinden und ihre Kreativität auszudrücken.

Ein charakteristisches Merkmal von Reels und Kurzvideos ist ihre Kürze und Prägnanz. Anders als längere Videos erfordern sie eine knackige und sofortige Aufmerksamkeit des Betrachters. Durch ihre kurze Dauer eignen sie sich perfekt für eine schnelllebige digitale Welt, in der Nutzer ständig unterwegs sind und nur wenig Zeit haben, sich lange Videos anzusehen.

Reels und Kurzvideos können eine Vielzahl von Inhalten abdecken, von lustigen Sketchen über informative Tutorials bis hin zu inspirierenden Momenten des Alltags. Sie sind ein vielseitiges Medium, das es Nutzern ermöglicht, ihre Kreativität auszuleben und ihre

Persönlichkeit auf eine unmittelbare und zugängliche Weise auszudrücken.

Eine weitere Besonderheit von Reels und Kurzvideos ist ihre virale Natur. Aufgrund ihrer Kürze und ihres unterhaltsamen Charakters haben sie das Potenzial, sich schnell zu verbreiten und eine breite Reichweite zu erzielen. Nutzer können sie leicht teilen, kommentieren und mit anderen interagieren, was dazu beiträgt, dass sie schnell an Popularität gewinnen können.

Die Beliebtheit von Reels und Kurzvideos hat auch dazu geführt, dass immer mehr Unternehmen und Marken diese Formate nutzen, um ihre Botschaften zu verbreiten und mit ihrer Zielgruppe in Kontakt zu treten. Sie bieten eine effektive Möglichkeit, die Aufmerksamkeit der Nutzer zu erregen und eine emotionale Verbindung zu ihrer Marke aufzubauen.

Reels und Kurzvideos sind kurze Videoclips, die auf verschiedenen Social-Media-Plattformen geteilt werden können. Sie zeichnen sich durch ihre Kürze und Prägnanz aus und eignen sich perfekt für eine schnelllebige digitale Welt. Reels und Kurzvideos können eine Vielzahl von Inhalten abdecken und haben das Potenzial, sich schnell zu verbreiten und eine breite Reichweite zu erzielen.

Reels und Kurzvideos sind mehr als nur unterhaltsame Clips auf deinem Smartphone - sie sind eine mächtige Form von visuellem Content, die es Nutzern ermöglicht, sich schnell und unterhaltsam mit anderen zu verbinden und ihre Kreativität auszudrücken. Indem du Reels und Kurzvideos in deine Social-Media-Strategie integrierst, kannst du eine breite Reichweite erzielen und deine Botschaft auf eine ansprechende und effektive Weise verbreiten.

Die Vielfalt der Kurzvideo-Plattformen: Ein Vergleich

Wisst ihr, was total im Trend liegt? Kurzvideos! Ob du nun eine Pause einlegen möchtest, um dich zu amüsieren, oder schnell etwas Neues lernen willst, es gibt eine Plattform für jeden Geschmack. In diesem Abschnitt werde ich euch die Unterschiede zwischen verschiedenen Kurzvideo-Plattformen wie Instagram Reels, TikTok, Snapchat und Youtube Shorts vorstellen. Lasst uns eintauchen und herausfinden, welche Plattform zu euch passt!

Instagram Reels

Lasst uns zunächst über Instagram Reels sprechen. Dies ist Instagrams Antwort auf den Erfolg von TikTok. Reels ermöglicht es den Benutzern, kurze, kreative Videos von bis zu 60 Sekunden zu erstellen und zu teilen. Diese Videos können mit Musik, Effekten und Texten bearbeitet werden, um sie wirklich einzigartig zu machen.

Was Instagram Reels besonders macht, ist seine Integration in die Instagram-App. Das bedeutet, dass Benutzer ihre Reels direkt in ihrem Instagram-Profil teilen können, was es einfach macht, sie mit ihren bestehenden Followern zu teilen und ihre Reichweite zu erhöhen. Außerdem sind Reels eine großartige Möglichkeit für Instagram-Nutzer, kreative Inhalte zu erstellen und sich von anderen abzuheben.

TikTok

Wer kennt TikTok nicht? Diese Plattform hat in den letzten Jahren einen regelrechten Boom erlebt und ist bei Nutzern auf der ganzen Welt beliebt. TikTok ermöglicht es Benutzern, Videos von bis zu 60 Sekunden zu erstellen und zu teilen, die mit einer Vielzahl von Effekten, Filtern und Musik bearbeitet werden können.

TikTok zeichnet sich durch seine virale Natur aus. Videos können schnell und einfach durch Hashtags und Trends entdeckt und verbreitet werden, unabhängig davon, ob der Benutzer bereits viele Follower hat oder nicht. TikTok hat auch eine einzigartige Kultur und Sprache entwickelt, die von Challenges, Trends und Memes geprägt ist, was es zu einer unterhaltsamen und vielfältigen Plattform macht.

Snapchat

Snapchat war eine der ersten Plattformen, die sich auf das Teilen von Kurzvideos konzentriert hat. Mit der Funktion "Stories" können Benutzer Videos von bis zu 60 Sekunden teilen, die nach 24 Stunden automatisch verschwinden. Diese Funktion hat Snapchat zu einer beliebten Plattform für spontane und authentische Inhalte gemacht.

Snapchat ist besonders bei jüngeren Nutzern beliebt und bietet eine Vielzahl von Funktionen, die es Benutzern ermöglichen, ihre Videos mit Filtern, Aufklebern und anderen Effekten zu personalisieren. Es ist eine großartige Plattform, um sich mit Freunden zu verbinden und den Moment festzuhalten.

Youtube Shorts

Last but not least haben wir Youtube Shorts. Dies ist Googles Antwort auf den Trend der Kurzvideos. Youtube Shorts ermöglicht es den Benutzern, Videos von bis zu 60 Sekunden zu erstellen und zu teilen, die vertikal auf dem Bildschirm angezeigt werden.

Youtube Shorts hat eine eingebaute Entdeckungsfunktion, die es Benutzern ermöglicht, die neuesten und beliebtesten Shorts auf der Plattform zu entdecken. Außerdem können Benutzer ihre Shorts in ihren Youtube-Kanälen teilen, was es einfach macht, ihre Inhalte mit ihrer bestehenden Youtube-Community zu teilen.

Wie ihr sehen könnt, gibt es eine Vielzahl von Kurzvideo-Plattformen, die alle ihre eigenen einzigartigen Eigenschaften und Vorteile bieten. Von Instagram Reels über TikTok bis hin zu Snapchat und Youtube Shorts gibt es für jeden Geschmack und jede Vorliebe eine Plattform. Ob ihr euch für die virale Natur von TikTok interessiert, die spontane Atmosphäre von Snapchat liebt oder die Integration von Instagram Reels bevorzugt, es gibt für jeden etwas Passendes.

Best Practices für die Erstellung von Reels und Kurzvideos

In der Welt des digitalen Marketings und der sozialen Medien sind Kurzvideos zu einem unverzichtbaren Werkzeug geworden, um Aufmerksamkeit zu erregen und Engagement zu fördern. In diesem Abschnitt werden wir einige bewährte Methoden für die Erstellung von Reels und Kurzvideos vorstellen, die es ermöglichen, eine effektive und ansprechende Präsenz in den sozialen Medien aufzubauen.

Bevor Sie mit der Erstellung eines Kurzvideos beginnen, ist es wichtig, sich über Ihre Botschaft und Ihr Ziel im Klaren zu sein. Überlegen Sie, welche Nachricht Sie vermitteln möchten und welches Ziel Sie mit dem Video erreichen möchten. Eine klare Botschaft und Zielsetzung helfen Ihnen, den Fokus zu behalten und ein aussagekräftiges Video zu erstellen.

: In der Welt der Kurzvideos ist die Aufmerksamkeitsspanne der Zuschauer begrenzt. Achten Sie daher darauf, dass Ihr Video von Anfang an fesselnd ist und die Aufmerksamkeit der Zuschauer sofort auf sich zieht. Nutzen Sie auffällige Bilder, interessante Texte oder überraschende Elemente, um die Zuschauer zu engagieren und sie dazu zu bringen, das Video bis zum Ende anzusehen.

Kurzvideos bieten eine Vielzahl von Möglichkeiten, um Ihre Kreativität auszuleben. Nutzen Sie verschiedene Bearbeitungswerkzeuge, Effekte und visuelle Elemente, um Ihr Video interessant und ansprechend zu gestalten. Experimentieren Sie mit verschiedenen Stilen und Techniken, um Ihren eigenen einzigartigen Stil zu entwickeln und sich von der Masse abzuheben.

Stellen Sie sicher, dass der Inhalt Ihres Kurzvideos für Ihre Zielgruppe relevant und wertvoll ist. Bieten Sie einen Mehrwert für Ihre Zuschauer, indem Sie informative, unterhaltsame oder inspirierende Inhalte präsentieren. Berücksichtigen Sie die Interessen und Bedürfnisse Ihrer Zielgruppe und entwickeln Sie Inhalte, die sie ansprechen und zum Handeln anregen.

Die Länge und Struktur Ihres Kurzvideos sind entscheidend für den Erfolg. Achten Sie darauf, dass Ihr Video nicht zu lang ist und sich auf das Wesentliche konzentriert. Eine optimale Länge für Kurzvideos liegt in der Regel zwischen 15 und 60 Sekunden. Strukturieren Sie Ihr Video so, dass es einen klaren Anfang, eine Mitte und ein Ende hat, um eine kohärente Erzählung zu gewährleisten.

Auch wenn Kurzvideos oft spontan und ungezwungen wirken, ist es wichtig, dass sie eine gewisse Qualität und Professionalität aufweisen. Achten Sie auf eine gute Bild- und Tonqualität, eine klare und deutliche Sprache sowie eine ansprechende visuelle Gestaltung. Eine professionelle Produktion wird Ihre Glaubwürdigkeit stärken und das Vertrauen Ihrer Zuschauer gewinnen.

Schließlich ist es wichtig, kontinuierlich an der Verbesserung Ihrer Kurzvideos zu arbeiten und die Leistung zu analysieren. Sammeln Sie Feedback von Ihren Zuschauern, analysieren Sie die Leistung Ihrer Videos anhand von Kennzahlen wie Views, Engagement und Conversions, und nutzen Sie diese Erkenntnisse, um Ihre Strategie kontinuierlich zu optimieren und Ihre Ziele zu erreichen.

Insgesamt sind Kurzvideos eine effektive Möglichkeit, um Inhalte schnell und ansprechend zu präsentieren und die Aufmerksamkeit Ihrer Zielgruppe zu gewinnen. Indem Sie sich an bewährte Methoden für die Erstellung von Reels und Kurzvideos halten und kontinuierlich an der Verbesserung Ihrer Videos arbeiten, können Sie eine erfolgreiche Präsenz in den sozialen Medien aufbauen und Ihre Marketingziele erreichen.

In diesem Kapitel haben wir einen tiefen Einblick in die Welt der Kurzvideos gewonnen, insbesondere in die Plattformen, auf denen sie präsentiert werden. Von den aufstrebenden Reels auf Instagram bis hin zum viralen Phänomen TikTok und den weiteren Plattformen wie Snapchat und Youtube Shorts haben wir die vielfältigen Möglichkeiten erkundet, die Kurzvideos für Marketing und Engagement bieten.

Kurzvideos sind mehr als nur unterhaltsame Clips; sie sind ein integraler Bestandteil einer erfolgreichen Social-Media-Marketingstrategie. Sie ermöglichen es Marken, schnell und effektiv mit ihrer Zielgruppe zu interagieren, Aufmerksamkeit zu erregen und Engagement zu fördern. Durch die kreative Nutzung von visuellen Effekten, Storytelling und relevantem Inhalt können Unternehmen eine emotionale Verbindung zu ihren Zuschauern herstellen und ihre Botschaft effektiv vermitteln.

Die Verwendung von Reels und Kurzvideos erfordert jedoch eine sorgfältige Planung und Umsetzung. Von der klaren Definition der Zielgruppe und Botschaft bis hin zur Auswahl der richtigen Plattform und dem kontinuierlichen Monitoring und der Optimierung der Inhalte gibt es viele Aspekte zu berücksichtigen. Es ist wichtig, die Best Practices zu verstehen und sich kontinuierlich weiterzuentwickeln, um den Erfolg auf diesem schnelllebigen und wettbewerbsintensiven Terrain sicherzustellen.

Als nächstes werden wir uns in Kapitel IV mit der Rolle von Reels und Kurzvideos in der Reichweitensteigerung befassen. Wir werden untersuchen, wie Unternehmen diese Formate nutzen können, um ihre Reichweite zu erhöhen, neue Zielgruppen zu erreichen und ihr Publikum zu erweitern. Durch eine gezielte Strategie und kreative Inhalte können Reels und Kurzvideos zu einem mächtigen Werkzeug für das Wachstum und die Sichtbarkeit von Marken in den sozialen Medien werden.

105 Tsd.

887

57,8 Tsd.

Kapitel 4 Die Rolle von Reels und Kurzvideos in der Reichweitensteigerung

In der stetig wachsenden Welt der digitalen Medien und des Social Media Marketings spielen Kurzvideos eine zunehmend wichtige Rolle bei der Steigerung der Reichweite und des Engagements von Marken und Unternehmen. Von den aufstrebenden Reels auf Instagram über die virale Kraft von TikTok bis hin zu den kreativen Möglichkeiten von Snapchat und Youtube Shorts bieten Kurzvideos eine einzigartige Plattform, um Inhalte schnell und effektiv mit einem breiten Publikum zu teilen.

Die Rolle von Reels und Kurzvideos in der Reichweitensteigerung ist vielschichtig und umfasst verschiedene Aspekte des Marketings und der Markenkommunikation. In diesem Kapitel werden wir einen tiefen Einblick in die Bedeutung von Kurzvideos für die Reichweitensteigerung geben und untersuchen, wie Unternehmen diese Formate nutzen können, um ihre Präsenz in den sozialen Medien zu stärken und ihre Zielgruppe zu erweitern.

Wir werden verschiedene Strategien und Taktiken untersuchen, die Unternehmen einsetzen können, um die Reichweite ihrer Kurzvideos zu maximieren und ihr Publikum effektiv zu erreichen. Von der Auswahl der richtigen Plattformen und Zielgruppen bis hin zur Entwicklung ansprechender Inhalte und der Analyse von Leistungskennzahlen werden wir die Schlüsselfaktoren beleuchten, die den Erfolg von Reels und Kurzvideos in der Reichweitensteigerung bestimmen.

Darüber hinaus werden wir uns mit den aktuellen Trends und Entwicklungen in der Welt der Kurzvideos auseinandersetzen und untersuchen, wie sich diese auf die Reichweitensteigerung auswirken können. Von neuen Funktionen und Tools auf den Plattformen bis hin zu neuen Trends und Formaten werden wir die Möglichkeiten erkunden, die sich Unternehmen bieten, um ihre Reichweite durch Kurzvideos zu erhöhen und ihr Publikum zu erreichen.

Insgesamt wird dieses Kapitel einen umfassenden Überblick über die Rolle von Reels und Kurzvideos in der Reichweitensteigerung bieten und Unternehmen dabei helfen, ihre Social-Media-Marketingstrategien zu optimieren und ihre Ziele effektiv zu erreichen. Lasst uns also eintauchen in die faszinierende Welt der Kurzvideos und ihre wichtige Rolle im modernen Marketing verstehen lernen.

Warum sind Reels und Kurzvideos effektiv?

Kurzvideos, insbesondere in Form von Reels, haben sich zu einem unverzichtbaren Bestandteil des digitalen Marketings und der Social-Media-Strategien von Unternehmen entwickelt. Ihre Effektivität lässt sich auf verschiedene Faktoren zurückführen, die sie zu einem wirksamen Werkzeug zur Steigerung der Reichweite und des Engagements machen. In diesem Abschnitt werden wir einige der Gründe untersuchen, warum Reels und Kurzvideos so effektiv sind und warum sie eine wertvolle Ergänzung zu jeder Marketingstrategie darstellen.

Kurzvideos zeichnen sich durch ihre kurze und prägnante Natur aus, was es den Zuschauern ermöglicht, schnell und effektiv Informationen aufzunehmen. In einer Welt, in der die Aufmerksamkeitsspanne der Menschen immer kürzer wird, sind Kurzvideos eine effektive Möglichkeit, Ihre Botschaft auf den Punkt zu bringen und das Interesse Ihrer Zielgruppe zu wecken.

Kurzvideos nutzen die visuelle Anziehungskraft, um die Aufmerksamkeit der Zuschauer zu gewinnen und sie zu fesseln. Durch die Verwendung von ansprechenden Bildern, Grafiken und Animationen können Kurzvideos eine emotionale Verbindung zu den Zuschauern herstellen und sie dazu ermutigen, weiterzuschauen und sich mit dem Inhalt zu beschäftigen.

Dank der sozialen Medien und ihrer Sharing-Funktionen können Kurzvideos schnell und einfach verbreitet werden. Mit nur einem Klick können Zuschauer Kurzvideos mit ihren Freunden und Followern teilen, was zu einer exponentiellen Verbreitung und Reichweitensteigerung führen kann. Diese virale Natur macht Kurzvideos zu einem effektiven Werkzeug zur Erweiterung Ihres Publikums und zur Steigerung der Markenbekanntheit.

Kurzvideos bieten eine Vielzahl von Inhaltsformaten, die es Unternehmen ermöglichen, ihre Botschaft auf vielfältige und kreative Weise zu präsentieren. Von Tutorials und How-to-Videos über Comedy-Sketches bis hin zu Produktvorstellungen und Behind-the-Scenes-Einblicken gibt es unzählige Möglichkeiten, Kurzvideos zu nutzen, um Ihre Zielgruppe zu erreichen und zu engagieren.

Da immer mehr Menschen über ihre mobilen Geräte auf Inhalte zugreifen, sind Kurzvideos besonders effektiv, da sie für die mobile Nutzung optimiert sind. Durch die Erstellung von vertikalen Videos und die Anpassung an die Bildschirmgröße von Mobilgeräten können Unternehmen sicherstellen, dass ihre Kurzvideos für ihre Zielgruppe leicht zugänglich und ansprechend sind.

Kurzvideos haben tendenziell eine höhere Engagement-Rate als längere Formate, da sie leichter zu konsumieren sind und weniger Zeit erfordern. Dies bedeutet, dass Kurzvideos dazu neigen, mehr Likes, Kommentare und Shares zu generieren, was zu einer höheren Interaktion und einem stärkeren Community-Engagement führt.

Die Welt der Kurzvideos ist ständig in Bewegung, mit neuen Trends, Formaten und Technologien, die regelmäßig eingeführt werden. Diese kontinuierliche Innovation macht Kurzvideos zu einem spannenden und dynamischen Bereich des digitalen Marketings, der es Unternehmen ermöglicht, immer wieder neue und kreative Wege zu finden, um mit ihrer Zielgruppe zu interagieren und sie zu begeistern.

Insgesamt sind Reels und Kurzvideos effektiv, weil sie kurze, prägnante und visuell ansprechende Inhalte bieten, die schnell und einfach konsumiert werden können. Ihre virale Natur, vielfältigen Inhaltsformate, mobile Optimierung und hohe Engagement-Rate machen sie zu einem unverzichtbaren Werkzeug zur Steigerung der Reichweite und des Engagements von Unternehmen in den sozialen Medien.

Algorithmus und Reichweite: Wie funktionieren sie?

Der Algorithmus spielt eine entscheidende Rolle bei der Bestimmung der Reichweite von Reels und Kurzvideos auf verschiedenen Plattformen. Jede Plattform hat ihren eigenen Algorithmus, der auf einer Vielzahl von Faktoren basiert und kontinuierlich weiterentwickelt wird, um die Benutzererfahrung zu verbessern und relevante Inhalte zu präsentieren. In diesem Abschnitt werden wir einen detaillierten Blick darauf werfen, wie der Algorithmus auf verschiedenen Plattformen funktioniert und wie er die Reichweite von Reels und Kurzvideos beeinflusst.

Instagram Reels

Der Algorithmus von Instagram Reels berücksichtigt eine Vielzahl von Faktoren, um die Reichweite von Videos zu bestimmen. Dazu gehören unter anderem die Anzahl der Interaktionen (Likes, Kommentare, Shares), die Dauer des Videos, die Verweildauer der Zuschauer, die Nutzung von Hashtags und die Relevanz des Inhalts für den Benutzer. Videos, die eine hohe Interaktionsrate aufweisen und als relevant für den Benutzer eingestuft werden, haben eine höhere Wahrscheinlichkeit, in den Explore-Feed von Instagram aufgenommen zu werden und eine breitere Reichweite zu erzielen.

TikTok

Der Algorithmus von TikTok ist bekannt für seine Fähigkeit, Inhalte basierend auf den Vorlieben und dem Verhalten der Benutzer zu personalisieren. Der Algorithmus analysiert das Nutzerverhalten, einschließlich der Interaktionen mit anderen Videos, der Verweildauer und der Wiedergabezeit, um Inhalte vorzuschlagen, die den individuellen Vorlieben der Benutzer entsprechen. Videos, die eine hohe Interaktionsrate aufweisen und als unterhaltsam und ansprechend eingestuft werden, haben eine höhere Wahrscheinlichkeit, in den "For You" Feed von TikTok aufgenommen zu werden und eine breite Reichweite zu erzielen.

Snapchat

Snapchat verwendet einen Algorithmus, der die Anzahl der Ansichten, Interaktionen und Screenshots berücksichtigt, um die Reichweite von Snaps und Stories zu bestimmen. Der Algorithmus analysiert auch den Zeitpunkt und die Häufigkeit der Interaktionen, um Inhalte vorzuschlagen, die für den Benutzer relevant und ansprechend sind. Videos, die eine hohe Anzahl von Ansichten und Interaktionen aufweisen und als interessant und unterhaltsam eingestuft werden, haben eine höhere Wahrscheinlichkeit, in den Stories-Feed von Snapchat aufgenommen zu werden und eine breite Reichweite zu erzielen.

Youtube Shorts

Der Algorithmus von Youtube Shorts basiert auf einer Vielzahl von Faktoren, darunter die Anzahl der Views, Likes, Kommentare und Shares, die Verweildauer der Zuschauer, die Wiedergabezeit und die Interaktionen mit anderen Videos auf der Plattform. Videos, die eine hohe Interaktionsrate aufweisen und als relevant und ansprechend für den Benutzer eingestuft werden, haben eine höhere Wahrscheinlichkeit, in den Empfehlungs-Feed von Youtube Shorts aufgenommen zu werden und eine breite Reichweite zu erzielen.

Der Algorithmus und die Reichweite spielen eine entscheidende Rolle bei der Verbreitung von Reels und Kurzvideos auf verschiedenen Plattformen. Indem sie die Funktionsweise des Algorithmus verstehen und Strategien entwickeln, um ihn zu optimieren, können Unternehmen ihre Reichweite maximieren und ihr Publikum effektiv erreichen. Es ist wichtig, sich kontinuierlich über Änderungen und Updates im Algorithmus auf dem Laufenden zu halten und ihre Marketingstrategien entsprechend anzupassen, um erfolgreich in den sozialen Medien zu sein.

Erfolgsbeispiele von Unternehmen und Influencern

Erfolgsbeispiele von Unternehmen und Influencern im Bereich der Reels und Kurzvideos bieten wertvolle Einblicke in die Wirksamkeit dieser Formate und dienen als Inspiration für andere Marken und Content-Ersteller. In diesem Abschnitt werden wir einige herausragende Beispiele von Unternehmen und Influencern untersuchen, die mit ihren Reels und Kurzvideos erfolgreich waren und einen signifikanten Einfluss auf ihre Zielgruppen hatten.

Nike

Nike ist ein herausragendes Beispiel für ein Unternehmen, das erfolgreich Reels und Kurzvideos in seiner Marketingstrategie eingesetzt hat. Mit ansprechenden und inspirierenden Videos, die die Botschaft der Marke authentisch vermitteln, konnte Nike eine starke Bindung zu seinen Kunden aufbauen und eine große Reichweite erzielen. Durch die Nutzung von bekannten Influencern und

Sportlern konnte Nike seine Botschaft an ein breites Publikum kommunizieren und die Markenbekanntheit steigern.

Starbucks

Starbucks ist ein weiteres Unternehmen, das die Kraft von Reels und Kurzvideos effektiv nutzt, um seine Produkte und Markenbotschaft zu präsentieren. Mit kreativen und unterhaltsamen Videos, die die Vielfalt und Qualität ihrer Produkte hervorheben, konnte Starbucks eine engagierte Community von Followern aufbauen und das Markenimage stärken. Durch die Nutzung von Storytelling und visuellen Effekten gelingt es Starbucks, eine emotionale Verbindung zu seinen Kunden herzustellen und sie zu Fans der Marke zu machen.

Red Bull

Red Bull ist bekannt für seine kreative und aufregende Marketingstrategie, die auch Reels und Kurzvideos umfasst. Mit beeindruckenden und spektakulären Videos, die Extremsportler und Abenteurer in Aktion zeigen, gelingt es Red Bull, eine starke Präsenz in den sozialen Medien aufzubauen und ein breites Publikum anzusprechen. Durch die Verbindung mit dem Lifestyle seiner Zielgruppe und die Schaffung von mitreißenden Inhalten gelingt es Red Bull, seine Markenbotschaft erfolgreich zu kommunizieren und die Reichweite zu erhöhen.

Charli D'Amelio

Charli D'Amelio ist eine der bekanntesten Influencerinnen auf TikTok und ein herausragendes Beispiel für den Erfolg von Kurzvideos. Mit ihren unterhaltsamen und ansprechenden Videos, die Tanzroutinen und Alltagsmomente zeigen, hat Charli eine riesige Fangemeinde aufgebaut und eine starke Präsenz in den sozialen Medien etabliert. Durch die regelmäßige Veröffentlichung von qualitativ hochwertigen und ansprechenden Inhalten gelingt es Charli, eine hohe Engagement-Rate zu erzielen und ihre Reichweite kontinuierlich zu steigern.

Zach King

Zach King ist ein weiterer Influencer, der mit seinen kreativen und fesselnden Kurzvideos große Erfolge erzielt hat. Mit seinen beeindruckenden visuellen Effekten und Magietricks hat Zach eine treue Fangemeinde aufgebaut und Millionen von Followern auf verschiedenen Plattformen gewonnen. Durch die kontinuierliche Innovation und Kreativität gelingt es Zach, seine Zuschauer zu begeistern und eine starke Bindung zu seiner Community aufzubauen.

Addison Rae

Addison Rae ist eine bekannte Influencerin auf TikTok, die mit ihren humorvollen und authentischen Videos eine große Anhängerschaft gewonnen hat. Durch die Veröffentlichung von unterhaltsamen und ansprechenden Inhalten, die das tägliche Leben und die Interessen ihrer Zielgruppe widerspiegeln, gelingt es Addison, eine starke Verbindung zu ihren Followern aufzubauen und ihre Reichweite kontinuierlich zu steigern.

Diese Erfolgsbeispiele von Unternehmen und Influencern zeigen die vielfältigen Möglichkeiten auf, wie Reels und Kurzvideos effektiv genutzt werden können, um eine starke Präsenz in den sozialen Medien aufzubauen und das Engagement der Zielgruppe zu fördern. Durch kreative Inhalte, Storytelling und eine authentische Kommunikation können Unternehmen und Influencer eine bedeutende Reichweite erzielen und ihre Marketingziele effektiv erreichen.

Reels und Kurzvideos haben sich als äußerst effektive Instrumente erwiesen, um die Reichweite von Unternehmen und Influencern in den sozialen Medien zu steigern. In diesem Kapitel haben wir untersucht, wie Unternehmen und Influencer Reels und Kurzvideos erfolgreich nutzen können, um ihr Publikum zu erreichen, Engagement zu fördern und die Markenbekanntheit zu steigern. Wir haben verschiedene Aspekte beleuchtet, darunter die Funktionsweise des Algorithmus auf verschiedenen Plattformen, Erfolgsbeispiele von Unternehmen und Influencern sowie die Faktoren, die den Erfolg von Reels und Kurzvideos beeinflussen.

Wir haben gesehen, dass Reels und Kurzvideos eine Vielzahl von Vorteilen bieten, darunter ihre kurze und prägnante Natur, ihre visuelle Anziehungskraft, ihre virale Verbreitung und ihre hohe Engagement-Rate. Unternehmen und Influencer können diese Formate nutzen, um eine emotionale Verbindung zu ihrer Zielgruppe herzustellen, ihre Botschaft effektiv zu kommunizieren und ihre Markenbekanntheit zu steigern. Durch kreative Inhalte, Storytelling und eine kontinuierliche Innovation können sie eine starke

Präsenz in den sozialen Medien aufbauen und ihr Publikum kontinuierlich erweitern.

Als nächstes werden wir uns in Kapitel V mit Strategien für die Erstellung von Reels und Kurzvideos befassen. Wir werden untersuchen, wie Unternehmen und Influencer hochwertige und ansprechende Inhalte erstellen können, die ihre Zielgruppe ansprechen und das Engagement fördern. Wir werden verschiedene Techniken und Best Practices untersuchen, darunter die Verwendung von Storytelling, visuellen Effekten und Musik, um Reels und Kurzvideos zu optimieren und ihre Wirkung zu maximieren.

Darüber hinaus werden wir uns mit den neuesten Trends und Entwicklungen im Bereich der Reels und Kurzvideos auseinandersetzen und untersuchen, wie sich diese auf die Erstellung von Inhalten auswirken. Von neuen Funktionen und Tools auf den Plattformen bis hin zu neuen Formaten und Stilen werden wir die Möglichkeiten erkunden, die sich Unternehmen und Influencern bieten, um ihre Reels und Kurzvideos kontinuierlich zu verbessern und ihr Publikum zu begeistern.

Reels und Kurzvideos haben eine entscheidende Rolle bei der Steigerung der Reichweite und des Engagements in den sozialen Medien gespielt. Durch ihre kurze und prägnante Natur, ihre visuelle Anziehungskraft und ihre virale Verbreitung bieten sie Unternehmen und Influencern eine einzigartige Möglichkeit, ihre Botschaft effektiv zu kommunizieren und ihre Markenbekanntheit zu steigern. Lasst uns also in Kapitel V eintauchen und die besten

Strategien für die Erstellung von Reels und Kurzvideos entdecken, um den Erfolg in den sozialen Medien weiter zu steigern.

105 Tsd.

887

57,8 Tsd.

Kapitel 5 Strategien für die Erstellung von Reels und Kurzvideos

In diesem Kapitel werden wir uns eingehend mit den Strategien für die Erstellung von Reels und Kurzvideos befassen, die Unternehmen und Influencer verwenden können, um hochwertige und ansprechende Inhalte zu produzieren, die ihre Zielgruppe erreichen und das Engagement fördern. Reels und Kurzvideos sind zu einem wichtigen Bestandteil des digitalen Marketings und der Social-Media-Strategien von Unternehmen und Influencern geworden, da sie eine effektive Möglichkeit bieten, Inhalte schnell und effektiv mit einem breiten Publikum zu teilen.

In diesem Kapitel werden wir verschiedene Strategien untersuchen, die Unternehmen und Influencer nutzen können, um Reels und Kurzvideos zu erstellen, die ihre Zielgruppe ansprechen und das Engagement fördern. Wir werden verschiedene Techniken und Best Practices untersuchen, darunter die Verwendung von Storytelling, visuellen Effekten und Musik, um Reels und Kurzvideos zu optimieren und ihre Wirkung zu maximieren.

Darüber hinaus werden wir uns mit den neuesten Trends und Entwicklungen im Bereich der Reels und Kurzvideos auseinandersetzen und untersuchen, wie sich diese auf die Erstellung von Inhalten auswirken. Von neuen Funktionen und Tools auf den Plattformen bis hin zu neuen Formaten und Stilen werden wir die Möglichkeiten erkunden, die sich Unternehmen und Influencern bieten, um ihre Reels und Kurzvideos kontinuierlich zu verbessern und ihr Publikum zu begeistern.

Ideenfindung für Inhalte

Die Ideenfindung für Inhalte ist ein entscheidender Schritt bei der Erstellung von Reels und Kurzvideos, da sie den Grundstein für ansprechende und wirkungsvolle Inhalte legt, die das Publikum ansprechen und das Engagement fördern. In diesem Abschnitt werden wir verschiedene Strategien und Ansätze untersuchen, die Unternehmen und Influencer nutzen können, um kreative und innovative Ideen für ihre Reels und Kurzvideos zu entwickeln.

Eine gründliche Zielgruppenanalyse bildet die Grundlage für die Ideenfindung für Inhalte. Indem Unternehmen und Influencer das Verhalten, die Interessen und die Vorlieben ihrer Zielgruppe verstehen, können sie gezielt Inhalte entwickeln, die deren Bedürfnisse und Wünsche ansprechen. Durch die Identifizierung von Trends und Themen, die bei der Zielgruppe beliebt sind, können sie relevante und ansprechende Inhalte erstellen, die das Engagement fördern und die Reichweite steigern.

Die Beobachtung aktueller Trends und Entwicklungen in den sozialen Medien ist ein wichtiger Ansatz zur Ideenfindung für Inhalte. Indem Unternehmen und Influencer Trends identifizieren und aufgreifen, können sie Inhalte produzieren, die im Trend liegen und das Interesse ihrer Zielgruppe wecken. Die Analyse von Hashtags, Themen und viralen Inhalten auf Plattformen wie Instagram, TikTok und Snapchat kann Unternehmen und Influencern dabei helfen, sich inspirieren zu lassen und innovative Ideen für ihre Reels und Kurzvideos zu entwickeln.

Storytelling ist eine kraftvolle Strategie zur Ideenfindung für Inhalte, da es es Unternehmen und Influencern ermöglicht, eine emotionale Verbindung zu ihrer Zielgruppe herzustellen und ihre Botschaft effektiv zu kommunizieren. Indem sie Geschichten erzählen, die ihre Markenwerte und -botschaften reflektieren, können sie das Publikum fesseln und inspirieren. Durch die Verwendung von narrativen Elementen wie Charakteren, Konflikten und Lösungen können sie Inhalte entwickeln, die das Engagement fördern und die Zuschauer zum Handeln motivieren.

4Die Einbindung von Kundenfeedback und -interaktion ist ein weiterer wichtiger Ansatz zur Ideenfindung für Inhalte. Indem Unternehmen und Influencer aktiv mit ihrer Zielgruppe interagieren und deren Feedback berücksichtigen, können sie wertvolle Einblicke gewinnen und Inhalte entwickeln, die auf die Bedürfnisse und Wünsche ihrer Zielgruppe zugeschnitten sind. Durch die Durchführung von Umfragen, Q&A-Sessions und Kommentarinteraktionen können sie Ideen sammeln und Rückmeldungen erhalten, die ihnen dabei helfen, relevante und ansprechende Inhalte zu produzieren.

Die Zusammenarbeit mit anderen Unternehmen, Influencern und Content-Erstellern kann ebenfalls eine effektive Strategie zur Ideenfindung für Inhalte sein. Indem sie gemeinsam Ideen entwickeln und Ressourcen teilen, können Unternehmen und Influencer innovative und ansprechende Inhalte produzieren, die das Publikum ansprechen und das Engagement fördern. Durch die Durchführung von Kollaborationen, Co-Creation-Projekten und Gastbeiträgen können sie neue Perspektiven und Ideen gewinnen, die ihre Reels und Kurzvideos bereichern und verbessern.

Insgesamt gibt es viele verschiedene Strategien und Ansätze zur Ideenfindung für Inhalte, die Unternehmen und Influencer nutzen können, um kreative und innovative Reels und Kurzvideos zu produzieren. Indem sie eine gründliche Zielgruppenanalyse durchführen, Trends beobachten, Storytelling nutzen, Kundenfeedback einholen und Kollaborationen eingehen, können sie Inhalte entwickeln, die ihre Zielgruppe ansprechen und das Engagement fördern. Es ist wichtig, kontinuierlich neue Ideen zu entwickeln und sich von aktuellen Trends und Entwicklungen inspirieren zu lassen, um erfolgreich in den sozialen Medien zu sein.

Storytelling in Kurzform

Storytelling ist eine kraftvolle Strategie, um eine emotionale Verbindung zu Ihrer Zielgruppe herzustellen und die Wirkung Ihrer Reels und Kurzvideos zu maximieren. Durch die Nutzung von narrativen Elementen und einer gut durchdachten Handlung können Sie die Aufmerksamkeit Ihrer Zuschauer fesseln und eine nachhaltige Wirkung erzielen. In diesem Abschnitt werden wir untersuchen, wie Sie Storytelling in Kurzform effektiv einsetzen können, um ansprechende und wirkungsvolle Inhalte zu produzieren.

Bevor wir uns auf die Anwendung von Storytelling in Kurzform konzentrieren, ist es wichtig, die Grundlagen des Storytellings zu verstehen. Dazu gehören die Identifizierung eines Protagonisten, die Einführung eines Konflikts oder Problems und die Präsentation einer Lösung oder eines Höhepunkts.

Da Reels und Kurzvideos eine begrenzte Dauer haben, ist es wichtig, sich auf das Wesentliche zu konzentrieren. Stellen Sie sicher, dass Ihre Storyline klar und prägnant ist und keine unnötigen Details enthält. Jede Szene sollte einen Zweck erfüllen und zur Entwicklung der Handlung beitragen.

Auch in Kurzform ist es wichtig, Charaktere zu entwickeln, die für Ihre Zielgruppe relevant und einprägsam sind. Verleihen Sie Ihren Charakteren Persönlichkeit und Eigenschaften, die sie von anderen unterscheiden und eine emotionale Verbindung zu Ihrem Publikum herstellen.

Nutzen Sie die begrenzte Zeit, um Spannung aufzubauen und Höhepunkte in Ihrer Geschichte zu setzen. Durch geschickt platzierte Wendungen und Überraschungen können Sie das Interesse Ihrer Zuschauer aufrechterhalten und sie bis zum Ende fesseln.

Abschließend sollten Sie in Ihrer Storyline einen klaren Aufruf zum Handeln integrieren. Dies kann beispielsweise eine Aufforderung zur Interaktion mit Ihrem Inhalt, zum Besuch Ihrer Website oder zum Kauf Ihres Produkts sein. Ein gut durchdachter Call-to-Action rundet Ihre Geschichte ab und führt zu einem nachhaltigen Engagement.

Beispielhaft können wir uns einen Kosmetikhersteller vorstellen, der ein Reel erstellt, in dem eine Person eine Transformation von einem natürlichen Tageslook zu einem glamourösen Abendlook zeigt. Das Video könnte mit einer Einführung des Protagonisten beginnen, gefolgt von der Präsentation des Konflikts (der natürliche Look) und der Lösung (der glamouröse Look). Durch die

Verwendung von Zeitraffern und Schnitten kann der Prozess verkürzt und die Spannung erhöht werden. Am Ende des Reels könnte ein Aufruf zum Handeln stehen, der die Zuschauer dazu auffordert, die vorgestellten Produkte zu kaufen oder weitere Informationen auf der Website des Unternehmens zu finden.

Storytelling in Kurzform kann eine leistungsstarke Strategie sein, um das Engagement Ihrer Zielgruppe zu fördern und Ihre Botschaft effektiv zu kommunizieren. Indem Sie die Grundlagen des Storytellings beherrschen und sich auf das Wesentliche konzentrieren, können Sie ansprechende und wirkungsvolle Reels und Kurzvideos erstellen, die das Interesse Ihrer Zuschauer wecken und eine nachhaltige Wirkung erzielen.

Kreativer Einsatz von Musik und Effekten

Der kreative Einsatz von Musik und Effekten ist ein entscheidender Aspekt bei der Produktion von Reels und Kurzvideos, da er die Atmosphäre und Stimmung des Inhalts maßgeblich beeinflusst und das Engagement der Zuschauer steigern kann. In diesem Abschnitt werden wir untersuchen, wie Sie Musik und Effekte auf innovative Weise einsetzen können, um Ihre Reels und Kurzvideos noch ansprechender und wirkungsvoller zu gestalten.

Die Auswahl der richtigen Musik ist entscheidend für den Erfolg Ihres Reels oder Kurzvideos. Die Musik sollte zur Stimmung und zum Thema des Inhalts passen und die gewünschten Emotionen beim Zuschauer hervorrufen. Sie können aus einer Vielzahl von Musikgenres wählen, darunter Pop, Rock, Hip-Hop, elektronische Musik und mehr, je nachdem, welche Atmosphäre Sie erzeugen möchten. Darüber hinaus sollten Sie sicherstellen, dass Sie die erforderlichen Lizenzen für die Verwendung der Musik besitzen, um mögliche Urheberrechtsverletzungen zu vermeiden.

Effekte und Filter können Ihre Reels und Kurzvideos visuell aufwerten und eine einzigartige Ästhetik schaffen. Sie können verschiedene Effekte wie Farbfilter, Zeitraffer, Zeitlupe, Übergänge und Animationen verwenden, um Ihre Inhalte dynamischer und ansprechender zu gestalten. Experimentieren Sie mit verschiedenen Effekten und finden Sie heraus, welche am besten zu Ihrem Inhalt und Ihrer Markenidentität passen. Darüber hinaus können Sie auch Soundeffekte verwenden, um Ihre Videos akustisch zu verbessern und eine immersive Erfahrung für die Zuschauer zu schaffen.

Der Einsatz von Musik und Effekten kann auch dazu beitragen, den Rhythmus und das Tempo Ihrer Reels und Kurzvideos zu steuern. Passen Sie den Schnitt und die Bearbeitung Ihrer Inhalte an den Rhythmus der Musik an, um eine harmonische und ansprechende Sequenz zu erstellen. Nutzen Sie schnelle Schnitte und dynamische Übergänge, um das Tempo zu erhöhen und die Spannung zu steigern, oder verwenden Sie langsame Bewegungen und sanfte Übergänge, um eine ruhige und entspannte Atmosphäre zu schaffen. Durch die Synchronisierung von Bild und Ton können Sie eine kohärente und immersive Erfahrung für die Zuschauer schaffen, die sie in den Bann zieht und ihre Aufmerksamkeit aufrechterhält.

Musik und Effekte haben eine starke emotionale Wirkung und können die Zuschauer auf tiefer Ebene ansprechen. Nutzen Sie diese Kraft, um Emotionen wie Freude, Spannung, Nostalgie oder

Melancholie zu wecken und eine persönliche Verbindung zu Ihrem Publikum herzustellen. Durch die geschickte Kombination von Musik und Effekten können Sie eine einzigartige und unvergessliche Erfahrung für Ihre Zuschauer schaffen, die sie dazu ermutigt, mit Ihrem Inhalt zu interagieren und ihn zu teilen.

Der kreative Einsatz von Musik und Effekten bietet eine vielfältige Palette an Möglichkeiten, um Ihre Reels und Kurzvideos visuell und akustisch aufzuwerten und eine ansprechende Erfahrung für Ihre Zielgruppe zu schaffen. Indem Sie die richtige Musik wählen, Effekte und Filter geschickt einsetzen und den Rhythmus und das Tempo Ihrer Inhalte steuern, können Sie eine nachhaltige Wirkung erzielen und das Engagement Ihrer Zuschauer steigern.

Trends erkennen und nutzen

Das Erkennen und Nutzen von Trends ist entscheidend für den Erfolg von Reels und Kurzvideos, da sie eine Möglichkeit bieten, sich an aktuellen Entwicklungen und Präferenzen der Zielgruppe anzupassen und so die Reichweite und das Engagement zu steigern. Trends sind Indikatoren für aktuelle Themen, Interessen und Verhaltensweisen in der Online-Welt. Indem Sie Trends erkennen und in Ihre Inhalte integrieren, können Sie sicherstellen, dass Ihre Reels und Kurzvideos relevant und ansprechend sind und das Interesse Ihrer Zielgruppe wecken.

Eine der effektivsten Möglichkeiten, Trends zu erkennen, besteht darin, soziale Medien aktiv zu beobachten und aufmerksam auf Themen, Hashtags und Inhalte zu achten, die von Ihrer Zielgruppe geteilt und diskutiert werden. Plattformen wie Twitter, Instagram und TikTok bieten Echtzeit-Einblicke in aktuelle Trends und Gespräche, die Sie nutzen können, um Ihre Reels und Kurzvideos anzupassen. Die Analyse von Suchtrends kann ebenfalls eine wertvolle Quelle für die Identifizierung von Trends sein. Tools wie Google Trends ermöglichen es Ihnen, Suchanfragen und Themen zu verfolgen, die aktuell an Popularität gewinnen, und so relevante Inhalte zu produzieren, die das Interesse Ihrer Zielgruppe ansprechen.

Darüber hinaus ist es wichtig, sich über Branchen- und Markttrends auf dem Laufenden zu halten, die Ihre Zielgruppe möglicherweise interessieren. Verfolgen Sie Entwicklungen in Ihrer Branche und achten Sie auf neue Produkte, Dienstleistungen oder Ereignisse, die sich als relevant für Ihre Inhalte erweisen könnten.

Sobald Sie einen relevanten Trend identifiziert haben, ist es wichtig, schnell zu handeln und Inhalte zu produzieren, die sich auf diesen Trend beziehen. Da Trends oft von kurzer Dauer sind, ist es wichtig, rechtzeitig zu reagieren und Inhalte zu veröffentlichen, die die aktuellen Interessen und Gespräche Ihrer Zielgruppe ansprechen. Passen Sie Ihre Reels und Kurzvideos so an, dass sie den aktuellen Trend widerspiegeln, während Sie gleichzeitig Ihre Markenidentität und -botschaft beibehalten. Seien Sie kreativ und innovativ in der Umsetzung und finden Sie Wege, um den Trend auf eine einzigartige Weise zu interpretieren und Ihren eigenen Stil einzubringen.

Nutzen Sie den Trend als Gesprächsanlass, um mit Ihrer Zielgruppe in Interaktion zu treten und deren Meinungen und Reaktionen zu erfahren. Fordern Sie Ihr Publikum dazu auf, sich an Diskussionen zu beteiligen und ihre Gedanken und Erfahrungen zu teilen, um eine engere Bindung aufzubauen und das Engagement zu fördern.

Das Erkennen und Nutzen von Trends ist ein wesentlicher Bestandteil einer erfolgreichen Reels- und Kurzvideostrategie. Indem Sie Trends aktiv verfolgen, schnell reagieren und Inhalte produzieren, die die aktuellen Interessen und Gespräche Ihrer Zielgruppe ansprechen, können Sie Ihre Reichweite erhöhen, das Engagement steigern und Ihre Marke als relevante und zeitgemäße Präsenz in den sozialen Medien etablieren.

Die Erstellung von Reels und Kurzvideos ist zu einer unverzichtbaren Strategie für Marken und Content-Ersteller geworden, um ihre Reichweite zu steigern und mit ihrer Zielgruppe in den sozialen Medien zu interagieren. In diesem Kapitel haben wir eine Vielzahl von Strategien und Best Practices untersucht, um hochwertige und ansprechende Reels und Kurzvideos zu produzieren, die das Interesse Ihrer Zielgruppe wecken und das Engagement steigern.

Wir haben festgestellt, dass eine gründliche Planung und Vorbereitung der Schlüssel zum Erfolg ist. Indem Sie klare Ziele setzen, Ihre Zielgruppe verstehen und relevante Trends identifizieren, können Sie Inhalte entwickeln, die auf die Bedürfnisse und Interessen Ihrer Zuschauer zugeschnitten sind. Darüber hinaus haben wir die Bedeutung einer kreativen und ansprechenden Präsentation von

Inhalten betont, einschließlich des Einsatzes von Storytelling, Musik und Effekten, um eine emotionale Verbindung zu Ihrer Zielgruppe herzustellen und das Engagement zu steigern.

Des Weiteren haben wir diskutiert, wie Sie Trends erkennen und nutzen können, um Ihre Reels und Kurzvideos relevanter und ansprechender zu gestalten. Durch die aktive Beobachtung von sozialen Medien, die Analyse von Suchtrends und das Verfolgen von Branchen- und Marktentwicklungen können Sie sicherstellen, dass Ihre Inhalte aktuell und relevant sind und das Interesse Ihrer Zielgruppe wecken.

Schließlich haben wir verschiedene praktische Tipps und Techniken für die Erstellung und Bearbeitung von Reels und Kurzvideos vorgestellt, darunter Ideenfindung für Inhalte, Storytelling in Kurzform, kreativer Einsatz von Musik und Effekten sowie die Nutzung von Trends. Indem Sie diese Strategien und Best Practices in Ihre eigene Content-Erstellung integrieren, können Sie hochwertige und ansprechende Reels und Kurzvideos produzieren, die das Potenzial haben, Ihre Reichweite zu steigern und Ihre Marke in den sozialen Medien zu etablieren.

Als nächstes werden wir im folgenden Kapitel praktische Tipps für die Erstellung und Bearbeitung von Reels und Kurzvideos untersuchen. Wir werden spezifische Tools, Techniken und Ressourcen vorstellen, die Ihnen dabei helfen, Ihre Reels und Kurzvideos auf professionelle Weise zu produzieren und das Potenzial Ihrer Inhalte voll auszuschöpfen.

Kapitel 6 Praktische Tipps für die Erstellung und Bearbeitung von Reels und Kurzvideos

In diesem Kapitel werden wir uns eingehend mit praktischen Tipps und Techniken befassen, um hochwertige Reels und Kurzvideos zu erstellen und zu bearbeiten. Als Marken und Content-Ersteller in der digitalen Ära ist es von entscheidender Bedeutung, Inhalte zu produzieren, die das Interesse Ihrer Zielgruppe wecken und das Engagement in den sozialen Medien steigern. Reels und Kurzvideos bieten eine einzigartige Möglichkeit, in kurzer Zeit eine große Wirkung zu erzielen und Ihre Botschaft effektiv zu vermitteln. Um diese Möglichkeiten voll auszuschöpfen, ist es wichtig, die richtigen Tools, Techniken und Strategien zu kennen, um Inhalte zu produzieren, die professionell und ansprechend sind.

In diesem Kapitel werden wir uns auf verschiedene Aspekte der Erstellung und Bearbeitung von Reels und Kurzvideos konzentrieren, angefangen bei der Planung und Ideenfindung bis hin zur Bearbeitung und Veröffentlichung. Wir werden Ihnen praktische Tipps geben, wie Sie Inhalte entwickeln, die Ihre Zielgruppe ansprechen, und wie Sie diese Inhalte mit professionellen Bearbeitungstechniken verbessern können. Egal, ob Sie ein Anfänger sind, der gerade erst mit der Erstellung von Reels und Kurzvideos beginnt, oder ein erfahrener Content-Ersteller, der seine Fähigkeiten verbessern möchte, in diesem Kapitel werden Sie wertvolle Einblicke und Ratschläge finden, um Ihre Inhalte auf die nächste Stufe zu heben.

Wir werden uns auf die praktische Anwendung von Tools und Techniken konzentrieren, die Ihnen dabei helfen, Ihre Reels und Kurzvideos auf professionelle Weise zu produzieren. Wir werden verschiedene Aspekte der Videoproduktion und -bearbeitung behandeln, darunter Kameraeinstellungen, Beleuchtung, Tonqualität, Schnitttechniken und visuelle Effekte. Darüber hinaus werden wir Ihnen zeigen, wie Sie mit verschiedenen Bearbeitungssoftware und -tools arbeiten können, um Ihre Reels und Kurzvideos auf professionelle Weise zu bearbeiten und zu optimieren.

In diesem Kapitel werden wir Ihnen auch praktische Tipps geben, wie Sie Ihre Reels und Kurzvideos effektiv veröffentlichen und promoten können, um maximale Reichweite und Engagement zu erzielen. Wir werden Ihnen Strategien vorstellen, wie Sie Ihre Inhalte auf verschiedenen Plattformen teilen und optimieren können, um Ihr Publikum zu erreichen und Ihre Marke effektiv zu präsentieren. Darüber hinaus werden wir Ihnen zeigen, wie Sie mit Analysen und Metriken arbeiten können, um den Erfolg Ihrer Reels und Kurzvideos zu messen und zu optimieren.

Dieses Kapitel bietet eine umfassende Anleitung zur Erstellung und Bearbeitung von Reels und Kurzvideos, die Ihnen helfen wird, hochwertige und ansprechende Inhalte zu produzieren, die das Potenzial haben, Ihre Reichweite zu steigern und Ihre Marke in den sozialen Medien zu etablieren. Egal, ob Sie ein Anfänger oder ein erfahrener Content-Ersteller sind, dieses Kapitel wird Ihnen wertvolle Einblicke und Ratschläge bieten, um Ihre Fähigkeiten in der Erstellung und Bearbeitung von Reels und Kurzvideos zu verbessern.

Ausrüstung und Technik

Die Auswahl der richtigen Ausrüstung und die Beherrschung der Technik sind entscheidend für die Erstellung hochwertiger Reels und Kurzvideos. In diesem Abschnitt werden wir uns ausführlich mit den verschiedenen Aspekten der Ausrüstung und Technik befassen, die Sie benötigen, um professionelle Ergebnisse zu erzielen.

Die Wahl der richtigen Kamera ist ein entscheidender Schritt bei der Erstellung von Reels und Kurzvideos. Sie sollten eine Kamera wählen, die Ihren Anforderungen und Ihrem Budget entspricht, und sicherstellen, dass sie über die erforderlichen Funktionen verfügt, um hochwertige Aufnahmen zu ermöglichen. Digitale Spiegelreflexkameras (DSLRs) und spiegellose Kameras bieten in der Regel eine hohe Bildqualität und Flexibilität bei der Aufnahme, während Camcorder und Actionkameras kompakt und einfach zu bedienen sind. Darüber hinaus können auch hochwertige Smartphones mit fortschrittlichen Kamerasystemen beeindruckende Ergebnisse liefern.

Die Auswahl der richtigen Objektive ist ebenso wichtig wie die Wahl der Kamera. Verschiedene Objektive bieten unterschiedliche Brennweiten und Möglichkeiten zur Anpassung der Bildkomposition und des Stils Ihrer Aufnahmen. Weitwinkelobjektive eignen sich gut für Landschaftsaufnahmen und Gruppenaufnahmen, während Teleobjektive nützlich sind, um Details und entfernte Objekte zu erfassen. Darüber hinaus können Filter, Stativ, Gimbal und externe Mikrofone dazu beitragen, die Qualität Ihrer Aufnahmen zu verbessern und professionelle Ergebnisse zu erzielen.

Die richtige Beleuchtung ist entscheidend für die Qualität Ihrer Aufnahmen. Natürliches Licht kann eine gute Option sein, besonders für Außenaufnahmen, aber es kann auch unvorhersehbar sein. Daher ist es wichtig, über zusätzliche Lichtquellen wie Studiobeleuchtung oder LED-Panels zu verfügen, um optimale Lichtverhältnisse zu schaffen. Darüber hinaus ist auch die Tonqualität wichtig für die Gesamtqualität Ihrer Videos. Externe Mikrofone können dabei helfen, klareren und professionelleren Ton aufzunehmen, insbesondere bei Interviews oder Voiceovers.

Um professionelle Ergebnisse zu erzielen, ist es wichtig, verschiedene Videoaufnahmetechniken zu beherrschen. Dazu gehören die Verwendung von Stativen oder Gimbals für stabile Aufnahmen, das Einhalten grundlegender Regeln der Bildkomposition wie dem Goldenen Schnitt oder der Drittel-Regel, und die Verwendung von Bewegung und Kamerabewegungen, um visuelles Interesse zu schaffen. Darüber hinaus sollten Sie sich mit den verschiedenen Einstellungen Ihrer Kamera vertraut machen, um die Belichtung, den Fokus und andere wichtige Parameter entsprechend Ihren Anforderungen anzupassen.

Die Bearbeitung Ihrer Aufnahmen ist ein wichtiger Schritt, um professionelle Ergebnisse zu erzielen. Mit Hilfe von Videobearbeitungssoftware können Sie Ihre Aufnahmen zuschneiden, Farbkorrekturen vornehmen, visuelle Effekte hinzufügen und den Ton optimieren. Es ist wichtig, sich mit den verschiedenen Funktionen und Werkzeugen Ihrer Videobearbeitungssoftware vertraut zu machen und sie effektiv zu nutzen, um die gewünschten Ergebnisse zu erzielen. Darüber hinaus können auch Apps und Software zur

Bildstabilisierung, Rauschunterdrückung und anderen speziellen Effekten nützlich sein, um die Qualität Ihrer Aufnahmen weiter zu verbessern.

Die Auswahl der richtigen Ausrüstung und die Beherrschung der Technik ist entscheidend für die Erstellung hochwertiger Reels und Kurzvideos. Indem Sie sich mit den verschiedenen Aspekten der Ausrüstung und Technik vertraut machen und diese effektiv einsetzen, können Sie professionelle Ergebnisse erzielen und Ihre Inhalte auf die nächste Stufe heben.

Video-Bearbeitungs-Apps und -Tools

Die Wahl der richtigen Videobearbeitungs-Apps und -Tools ist entscheidend für die Produktion hochwertiger Reels und Kurzvideos. In diesem Abschnitt werden wir uns eingehend mit einer Vielzahl von Apps und Tools befassen, die Ihnen helfen können, Ihre Videos professionell zu bearbeiten und zu optimieren.

Zu den beliebtesten und leistungsstärksten Videobearbeitungssoftware-Programmen gehören Adobe Premiere Pro, Final Cut Pro X und DaVinci Resolve. Diese professionellen Programme bieten eine breite Palette von Funktionen und Werkzeugen, um Ihre Videos auf professionelle Weise zu bearbeiten und zu optimieren. Von grundlegenden Bearbeitungsfunktionen wie Zuschnitt und Farbkorrektur bis hin zu fortgeschrittenen Effekten und Animationen bieten diese Programme alles, was Sie benötigen, um hochwertige Reels und Kurzvideos zu erstellen.

Adobe Premiere Pro ist eine branchenführende Videobearbeitungssoftware, die von Profis auf der ganzen Welt verwendet wird. Es bietet eine Fülle von Funktionen und Werkzeugen, darunter fortschrittliche Farbkorrektur, Effekte und Animationen, sowie Integration mit anderen Adobe-Produkten wie After Effects und Photoshop.

Final Cut Pro X ist eine leistungsstarke Videobearbeitungssoftware, die speziell für Mac-Benutzer entwickelt wurde. Es bietet eine intuitive Benutzeroberfläche und eine breite Palette von Funktionen, darunter hochwertige Effekte, Übergänge und Animationen, sowie leistungsstarke Farbkorrektur- und Audiobearbeitungswerkzeuge.

DaVinci Resolve ist eine umfassende Videobearbeitungssoftware, die sowohl für Anfänger als auch für Profis geeignet ist. Es bietet eine Fülle von Funktionen und Werkzeugen, darunter fortschrittliche Farbkorrektur, Effekte und Animationen, sowie leistungsstarke Audiobearbeitungswerkzeuge. DaVinci Resolve ist bekannt für seine hochwertige Farbkorrektur und wird häufig von Profis in der Film- und Fernsehbranche verwendet.

Für die Bearbeitung von Videos unterwegs bieten mobile Videobearbeitungs-Apps eine bequeme und einfache Möglichkeit, Ihre Videos schnell und einfach zu bearbeiten. Zu den beliebtesten mobilen Videobearbeitungs-Apps gehören Adobe Premiere Rush, iMovie und Kinemaster.

Adobe Premiere Rush ist eine benutzerfreundliche Videobearbeitungs-App, die eine breite Palette von Funktionen und Werkzeugen bietet, um Ihre Videos schnell und einfach zu bearbeiten. Von grundlegenden Bearbeitungsfunktionen wie Zuschnitt und Farb-korrektur bis hin zu fortgeschrittenen Effekten und Animationen bietet Adobe Premiere Rush alles, was Sie benötigen, um hochwer-tige Videos auf Ihrem Smartphone oder Tablet zu erstellen.

iMovie ist eine beliebte Videobearbeitungs-App für iOS-Geräte, die eine benutzerfreundliche Benutzeroberfläche und eine breite Pa-lette von Funktionen bietet, um Ihre Videos schnell und einfach zu bearbeiten. Von grundlegenden Bearbeitungsfunktionen wie Zu-schnitt und Farbkorrektur bis hin zu fortgeschrittenen Effekten und Animationen bietet iMovie alles, was Sie benötigen, um hoch-wertige Videos auf Ihrem iPhone oder iPad zu erstellen.

Kinemaster ist eine umfassende Videobearbeitungs-App für And-roid-Geräte, die eine breite Palette von Funktionen und Werkzeu-gen bietet, um Ihre Videos schnell und einfach zu bearbeiten. Von grundlegenden Bearbeitungsfunktionen wie Zuschnitt und Farb-korrektur bis hin zu fortgeschrittenen Effekten und Animationen bietet Kinemaster alles, was Sie benötigen, um hochwertige Videos auf Ihrem Smartphone oder Tablet zu erstellen.

Für die Bearbeitung von Videos ohne die Notwendigkeit, Software herunterzuladen oder zu installieren, bieten Online-Videobearbei-tungs-Tools eine bequeme und benutzerfreundliche Lösung. Zu den beliebtesten Online-Videobearbeitungs-Tools gehören Kapwing, Clipchamp und WeVideo.

Kapwing ist ein benutzerfreundliches Online-Videobearbeitungs-Tool, das eine breite Palette von Funktionen und Werkzeugen bie-tet, um Ihre Videos schnell und einfach zu bearbeiten. Von

grundlegenden Bearbeitungsfunktionen wie Zuschnitt und Farbkorrektur bis hin zu fortgeschrittenen Effekten und Animationen
bietet Kapwing alles, was Sie benötigen, um hochwertige Videos
online zu erstellen und zu bearbeiten.

Clipchamp ist ein leistungsstarkes Online-Videobearbeitungs-Tool,
das eine breite Palette von Funktionen und Werkzeugen bietet, um
Ihre Videos schnell und einfach zu bearbeiten. Von grundlegenden
Bearbeitungsfunktionen wie Zuschnitt und Farbkorrektur bis hin
zu fortgeschrittenen Effekten und Animationen bietet Clipchamp
alles, was Sie benötigen, um hochwertige Videos online zu erstellen
und zu bearbeiten.

WeVideo ist ein umfassendes Online-Videobearbeitungs-Tool, das
eine breite Palette von Funktionen und Werkzeugen bietet, um Ihre
Videos schnell und einfach zu bearbeiten. Von grundlegenden Bearbeitungsfunktionen wie Zuschnitt und Farbkorrektur bis hin zu
fortgeschrittenen Effekten und Animationen bietet WeVideo alles,
was Sie benötigen, um hochwertige Videos online zu erstellen und
zu bearbeiten.

Videobearbeitungs-Apps und -Tools bieten eine Vielzahl von Opti-
onen und Funktionen, um Ihre Reels und Kurzvideos professionell
zu bearbeiten und zu optimieren. Indem Sie die richtigen Apps und
Tools auswählen und diese effektiv nutzen, können Sie hochwertige
Videos produzieren, die das Potenzial haben, Ihre Reichweite zu
steigern und Ihre Botschaft effektiv zu vermitteln.

Zeitmanagement und Planung

Effektives Zeitmanagement und eine durchdachte Planung sind entscheidend für den Erfolg bei der Erstellung von Reels und Kurzvideos. In diesem Abschnitt werden wir uns ausführlich mit den verschiedenen Aspekten des Zeitmanagements und der Planung befassen, um sicherzustellen, dass Sie Ihre Zeit effizient nutzen und Ihre Projekte erfolgreich abschließen können.

Es gibt verschiedene Zeitmanagement-Techniken, die Ihnen helfen können, Ihre Zeit effektiv zu nutzen und produktiv zu arbeiten. Eine beliebte Technik ist die Pomodoro-Technik, bei der Sie Ihre Arbeitszeit in kurze Intervalle von etwa 25 Minuten aufteilen, gefolgt von kurzen Pausen. Diese Technik kann Ihnen helfen, konzentriert zu bleiben und Ihre Produktivität zu steigern, indem Sie regelmäßige Pausen einplanen, um sich zu erholen und zu regenerieren.

Eine weitere effektive Zeitmanagement-Technik ist die Eisenhower-Matrix, mit der Sie Ihre Aufgaben nach ihrer Dringlichkeit und Wichtigkeit priorisieren können. Durch die Einteilung Ihrer Aufgaben in vier Quadranten - wichtig und dringend, wichtig aber nicht dringend, dringend aber nicht wichtig, weder wichtig noch dringend - können Sie Ihre Zeit effektiv auf die Aufgaben konzentrieren, die Ihnen den größten Nutzen bringen.

Darüber hinaus kann die Verwendung von To-Do-Listen, Tagesplanern und Zeitmanagement-Apps Ihnen helfen, Ihre Aufgaben zu organisieren und Ihre Zeit effizient zu nutzen. Indem Sie Ihre Aufgaben priorisieren, Zeitblöcke für bestimmte Aufgaben festlegen und sich an einen festen Zeitplan halten, können Sie Ihre Zeit optimal nutzen und Ihre Projekte erfolgreich abschließen.

Eine gründliche Projektplanung und die Festlegung realistischer Zeitrahmen sind entscheidend für den Erfolg bei der Erstellung von Reels und Kurzvideos. Bevor Sie mit einem Projekt beginnen, sollten Sie sich Zeit nehmen, um Ihre Ziele zu definieren, den Umfang des Projekts zu bestimmen und einen klaren Zeitplan festzulegen.

Die Festlegung von Meilensteinen und Zwischenterminen kann Ihnen helfen, den Fortschritt Ihres Projekts zu überwachen und sicherzustellen, dass Sie Ihre Ziele rechtzeitig erreichen. Darüber hinaus sollten Sie auch Pufferzeiten einplanen, um unvorhergesehene Probleme oder Verzögerungen zu berücksichtigen und sicherzustellen, dass Sie Ihre Projekte rechtzeitig abschließen können.

Die Verwendung von Projektmanagement-Tools und -Software kann Ihnen helfen, Ihre Projekte effektiv zu planen und zu organisieren. Tools wie Gantt-Diagramme, Zeitachsen und Aufgabenverwaltungssysteme können Ihnen helfen, den Überblick über Ihre Projekte zu behalten und sicherzustellen, dass Sie Ihre Ziele rechtzeitig erreichen.

Die Entwicklung effizienter Arbeitsabläufe und Prozesse kann Ihnen helfen, Ihre Zeit effektiv zu nutzen und Ihre Projekte effizient abzuschließen. Indem Sie wiederkehrende Aufgaben automatisieren, Arbeitsabläufe optimieren und effiziente Prozesse implementieren, können Sie Ihre Produktivität steigern und Zeit sparen.

Die Verwendung von Vorlagen, vorgefertigten Assets und automatisierten Workflows kann Ihnen helfen, wiederkehrende Aufgaben schnell und einfach zu erledigen. Darüber hinaus können die Optimierung Ihrer Arbeitsabläufe und die Einführung effizienter Prozesse Ihnen helfen, Zeit zu sparen und Ihre Projekte effektiv abzuschließen.

Ein effektives Zeitmanagement und eine durchdachte Planung ist entscheidend für den Erfolg bei der Erstellung von Reels und Kurzvideos. Indem Sie Zeitmanagement-Techniken anwenden, Ihre Projekte gründlich planen und effiziente Arbeitsabläufe und Prozesse entwickeln, können Sie Ihre Zeit effektiv nutzen und Ihre Projekte erfolgreich abschließen.

In diesem Kapitel haben wir uns intensiv mit den praktischen Aspekten der Erstellung und Bearbeitung von Reels und Kurzvideos auseinandergesetzt. Von der Auswahl der richtigen Ausrüstung und Technik über die Ideenfindung für Inhalte bis hin zum kreativen Einsatz von Musik und Effekten haben wir verschiedene Strategien und Techniken behandelt, die Ihnen helfen können, hochwertige Reels und Kurzvideos zu produzieren.

Wir haben diskutiert, wie Sie die richtige Ausrüstung und Technik auswählen können, um Ihre Videos professionell zu bearbeiten und zu optimieren. Wir haben auch die Bedeutung der Ideenfindung für Inhalte betont und verschiedene Techniken vorgestellt, um kreative und ansprechende Ideen für Ihre Videos zu entwickeln. Darüber hinaus haben wir den kreativen Einsatz von Musik und Effekten besprochen und wie Sie diese Elemente effektiv in Ihre Videos integrieren können, um sie aufzuwerten und Ihre Botschaft zu vermitteln.

Des Weiteren haben wir die Bedeutung von Zeitmanagement und Planung hervorgehoben und verschiedene Techniken vorgestellt, um Ihre Zeit effizient zu nutzen und Ihre Projekte erfolgreich abzuschließen. Indem Sie effektive Arbeitsabläufe und Prozesse entwickeln und eine gründliche Projektplanung durchführen, können Sie sicherstellen, dass Sie Ihre Zeit optimal nutzen und Ihre Projekte erfolgreich abschließen können.

Abschließend möchten wir betonen, dass die Erstellung und Bearbeitung von Reels und Kurzvideos ein fortlaufender Prozess ist, der kontinuierliche Anstrengungen und Experimente erfordert. Es ist wichtig, offen für neue Ideen und Techniken zu sein und sich kontinuierlich weiterzuentwickeln, um Ihre Fähigkeiten zu verbessern und hochwertige Videos zu produzieren.

Mit den praktischen Tipps und Techniken, die Sie in diesem Kapitel gelernt haben, sind Sie gut gerüstet, um hochwertige Reels und Kurzvideos zu erstellen und zu bearbeiten. Im nächsten Kapitel werden wir uns damit befassen, wie Sie Ihre Videos effektiv vermarkten und promoten können, um Ihre Reichweite zu steigern und Ihre Botschaft einem breiteren Publikum zu vermitteln.

Bleiben Sie also gespannt auf das nächste Kapitel, in dem wir uns ausführlich mit der Vermarktung und Promotion von Reels und Kurzvideos beschäftigen werden.

Kapitel 7 Vermarktung und Promotion von Reels und Kurzvideos

In diesem Kapitel werden wir uns eingehend mit der Vermarktung und Promotion von Reels und Kurzvideos befassen. Wir werden verschiedene Strategien und Techniken untersuchen, um Ihre Videos effektiv zu vermarkten und Ihre Reichweite zu steigern. Mit der wachsenden Bedeutung von Social Media und digitalen Plattformen ist es entscheidend, Ihre Videos gezielt zu bewerben, um Ihr Publikum zu erreichen und Ihre Botschaft zu verbreiten.

Die Vermarktung und Promotion von Reels und Kurzvideos unterscheidet sich in vielerlei Hinsicht von der Vermarktung traditioneller Inhalte. Kurze Videos erfordern oft eine andere Herangehensweise und Strategie, um ihre volle Wirkung zu entfalten und ihr Potenzial zu nutzen. In diesem Kapitel werden wir uns damit beschäftigen, wie Sie Ihre Videos auf verschiedenen Plattformen optimal präsentieren können, um Ihre Zielgruppe zu erreichen und Ihr Engagement zu steigern.

Wir werden verschiedene Aspekte der Videovermarktung behandeln, einschließlich der Auswahl der richtigen Plattformen und Kanäle, der Entwicklung einer effektiven Inhaltsstrategie und der Nutzung von Analysetools zur Messung des Erfolgs Ihrer Kampagnen. Wir werden auch verschiedene Werbemöglichkeiten auf Social Media-Plattformen wie Facebook, Instagram und TikTok untersuchen und wie Sie diese nutzen können, um Ihre Videos gezielt zu bewerben und Ihre Reichweite zu steigern.

Darüber hinaus werden wir uns damit beschäftigen, wie Sie Influencer und Kooperationen nutzen können, um Ihre Videos einem breiteren Publikum zu präsentieren und Ihre Reichweite zu erweitern. Influencer-Marketing hat sich zu einer effektiven Strategie entwickelt, um Produkte und Dienstleistungen zu bewerben, und wir werden untersuchen, wie Sie diese Strategie nutzen können, um Ihre Reels und Kurzvideos zu promoten.

Insgesamt ist die Vermarktung und Promotion von Reels und Kurzvideos entscheidend für den Erfolg Ihrer Videoinhalte. Mit den richtigen Strategien und Techniken können Sie Ihre Videos gezielt bewerben und Ihre Reichweite steigern, um Ihr Publikum zu erreichen und Ihre Botschaft effektiv zu verbreiten. In diesem Kapitel werden wir Ihnen die Tools und Kenntnisse vermitteln, die Sie benötigen, um Ihre Videos erfolgreich zu vermarkten und Ihr Publikum zu erreichen.

Hashtags und Tagging

Die Verwendung von Hashtags und das Tagging sind wesentliche Elemente bei der Vermarktung und Promotion von Reels und Kurzvideos auf verschiedenen Social Media-Plattformen. Sie spielen eine entscheidende Rolle dabei, Ihre Videos einer breiteren Zielgruppe zugänglich zu machen und Ihre Reichweite zu steigern. In diesem Abschnitt werden wir uns ausführlich mit der Bedeutung von Hashtags und dem Tagging befassen und Ihnen zeigen, wie Sie diese effektiv einsetzen können, um Ihre Videos zu bewerben und Ihr Publikum zu erreichen.

Hashtags sind Schlagwörter oder Phrasen, die mit einem Rautezeichen (#) versehen sind und in den Beschreibungen von Social Media-Beiträgen verwendet werden, um sie kategorisch zu kennzeichnen. Sie ermöglichen es Benutzern, nach Inhalten zu suchen und Beiträge zu entdecken, die mit einem bestimmten Thema oder einer bestimmten Kategorie verbunden sind. Die Verwendung relevanter Hashtags kann Ihre Videos einer größeren Zielgruppe zugänglich machen und Ihre Chancen erhöhen, von potenziellen Zuschauern entdeckt zu werden.

Bei der Auswahl von Hashtags für Ihre Reels und Kurzvideos ist es wichtig, relevante und populäre Hashtags zu verwenden, die mit Ihrem Inhalt und Ihrer Zielgruppe in Verbindung stehen. Durch die Verwendung von beliebten Hashtags können Sie Ihre Videos einer breiteren Zielgruppe präsentieren und Ihre Chancen erhöhen, von mehr Benutzern entdeckt und angesehen zu werden. Es ist jedoch auch wichtig, spezifische Hashtags zu verwenden, die eng mit dem Inhalt Ihres Videos verbunden sind, um sicherzustellen, dass Sie die richtige Zielgruppe erreichen und Ihr Engagement steigern.

Darüber hinaus können Sie auch benutzerdefinierte Hashtags erstellen, die speziell für Ihre Videos oder Ihre Marke entwickelt wurden. Benutzerdefinierte Hashtags können dazu beitragen, Ihre Marke zu fördern und Ihre Videos einem spezifischen Publikum bekannt zu machen. Indem Sie benutzerdefinierte Hashtags in Ihren Beiträgen verwenden und Ihre Zuschauer dazu ermutigen, sie ebenfalls zu verwenden, können Sie eine Community um Ihre Marke aufbauen und das Engagement Ihrer Zuschauer erhöhen.

Das Tagging von Personen und Marken in Ihren Reels und Kurzvideos ist eine weitere effektive Strategie, um Ihre Videos zu bewerben und Ihre Reichweite zu steigern. Durch das Tagging relevanter Personen, Influencer oder Marken können Sie ihre Aufmerksamkeit auf Ihr Video lenken und sie dazu ermutigen, es mit ihrem eigenen Publikum zu teilen. Dies kann dazu beitragen, Ihre Reichweite zu vergrößern und Ihr Video einer breiteren Zielgruppe zu präsentieren.

Beim Tagging von Personen und Marken ist es wichtig, sicherzustellen, dass Sie relevante und angemessene Tags verwenden. Vermeiden Sie es, Personen oder Marken willkürlich zu taggen, da dies als Spam betrachtet werden kann und negative Auswirkungen auf Ihr Engagement haben kann. Stellen Sie sicher, dass Sie nur relevante Personen oder Marken taggen, die einen direkten Bezug zu Ihrem Video haben und deren Aufmerksamkeit Sie gezielt auf sich lenken möchten.

Darüber hinaus können Sie auch in Betracht ziehen, sich von Influencern oder Marken taggen zu lassen, um Ihre Videos einem breiteren Publikum bekannt zu machen. Indem Sie Influencer oder Marken dazu ermutigen, Sie in ihren Beiträgen zu taggen, können Sie deren Reichweite nutzen und Ihre Videos einem neuen Publikum präsentieren. Dies kann dazu beitragen, Ihre Reichweite zu steigern und Ihr Engagement zu erhöhen, indem Sie Ihre Videos einer breiteren Zielgruppe zugänglich machen.

Hashtags und das Tagging spielen eine wichtige Rolle bei der Vermarktung und Promotion von Reels und Kurzvideos auf Social Media-Plattformen. Indem Sie relevante Hashtags verwenden und Personen und Marken gezielt taggen, können Sie Ihre Videos einer breiteren Zielgruppe präsentieren und Ihre Reichweite steigern. Es ist wichtig, diese Strategien effektiv einzusetzen, um das volle Potenzial Ihrer Videos auszuschöpfen und Ihr Publikum zu erreichen.

Kollaborationen und Influencer-Marketing

Kollaborationen und Influencer-Marketing sind zwei leistungsstarke Strategien, um die Reichweite Ihrer Reels und Kurzvideos zu steigern und Ihr Publikum zu erweitern. In diesem Abschnitt werden wir uns ausführlich mit beiden Ansätzen befassen und Ihnen zeigen, wie Sie sie effektiv nutzen können, um Ihre Videos einem breiteren Publikum zu präsentieren und Ihr Engagement zu steigern.

Kollaborationen beziehen sich auf die Zusammenarbeit mit anderen Content-Erstellern oder Marken, um gemeinsam Inhalte zu produzieren und zu teilen. Durch die Zusammenarbeit mit anderen Content-Erstellern können Sie deren Reichweite und Publikum nutzen, um Ihre Videos einem neuen Publikum zu präsentieren und Ihre Bekanntheit zu steigern. Kollaborationen bieten eine Win-Win-Situation für beide Parteien, da sie dazu beitragen können, die Reichweite und das Engagement beider Seiten zu steigern.

Bei der Auswahl von Kollaborationspartnern ist es wichtig, auf Kompatibilität und Relevanz zu achten. Suchen Sie nach Content-Erstellern oder Marken, die eine ähnliche Zielgruppe haben wie Sie und die sich in einem ähnlichen Bereich oder einer ähnlichen Nische bewegen. Indem Sie mit Partnern zusammenarbeiten, die eine ähnliche Zielgruppe ansprechen, können Sie sicherstellen, dass Ihre Inhalte für ihr Publikum relevant sind und Ihr Engagement steigern.

Es gibt verschiedene Möglichkeiten, wie Sie Kollaborationen mit anderen Content-Erstellern durchführen können. Dies kann die gemeinsame Produktion von Inhalten, die Gastbeiträge auf den Social-Media-Kanälen des Partners oder die Teilnahme an gemeinsamen Projekten und Veranstaltungen umfassen. Durch die Zusammenarbeit mit anderen Content-Erstellern können Sie neue Perspektiven und Ideen einbringen und Ihre Videos einem neuen Publikum präsentieren, was dazu beitragen kann, Ihre Reichweite und Ihr Engagement zu steigern.

Influencer-Marketing bezieht sich auf die Zusammenarbeit mit Influencern, um Ihre Produkte, Dienstleistungen oder Inhalte zu bewerben und Ihr Publikum zu erweitern. Influencer sind Personen, die über eine große und engagierte Online-Anhängerschaft verfügen und Einfluss auf das Kaufverhalten und die Entscheidungen ihrer Follower haben. Durch die Zusammenarbeit mit Influencern können Sie deren Reichweite nutzen, um Ihre Videos einem breiteren Publikum zu präsentieren und Ihr Engagement zu steigern.

Bei der Auswahl von Influencern für Ihre Influencer-Marketing-Kampagnen ist es wichtig, auf Relevanz und Glaubwürdigkeit zu achten. Suchen Sie nach Influencern, die in Ihrer Branche oder Ihrem Bereich aktiv sind und eine demografische Zielgruppe ansprechen, die mit Ihrer Zielgruppe übereinstimmt. Achten Sie auch auf die Glaubwürdigkeit und Authentizität des Influencers, um sicherzustellen, dass die Zusammenarbeit glaubwürdig und authentisch ist.

Es gibt verschiedene Möglichkeiten, wie Sie mit Influencern zusammenarbeiten können, um Ihre Reels und Kurzvideos zu bewerben. Dies kann die Erwähnung oder Vorstellung Ihrer Produkte oder Dienstleistungen in den Beiträgen des Influencers, die Teilnahme an gesponserten Inhalten oder die Zusammenarbeit an speziellen Projekten und Kampagnen umfassen. Durch die Zusammenarbeit mit Influencern können Sie deren Reichweite nutzen und Ihr Publikum erweitern, was dazu beitragen kann, Ihre Videos einem neuen Publikum zu präsentieren und Ihr Engagement zu steigern.

Kollaborationen und Influencer-Marketing sind leistungsstarke Strategien, um die Reichweite Ihrer Reels und Kurzvideos zu steigern und Ihr Publikum zu erweitern. Indem Sie mit anderen Content-Erstellern und Influencern zusammenarbeiten, können Sie deren Reichweite nutzen und Ihr Engagement steigern, was dazu beitragen kann, Ihre Videos einem breiteren Publikum zu präsentieren und Ihre Botschaft effektiv zu verbreiten.

Werbung und bezahlte Promotion

Werbung und bezahlte Promotion sind effektive Strategien, um die Sichtbarkeit Ihrer Reels und Kurzvideos zu erhöhen und Ihr Publikum zu erweitern. In diesem Abschnitt werden wir uns ausführlich mit den verschiedenen Werbemöglichkeiten und bezahlten Promotionsmöglichkeiten auf Social Media-Plattformen befassen und Ihnen zeigen, wie Sie sie nutzen können, um Ihre Videos gezielt zu bewerben und Ihre Reichweite zu steigern.

Social Media-Plattformen wie Facebook, Instagram, TikTok und YouTube bieten verschiedene Werbemöglichkeiten, um Ihre Videos einem breiteren Publikum zu präsentieren. Diese Plattformen bieten Werbeformate wie gesponserte Beiträge, Anzeigen in Feeds, Story-Anzeigen, In-Stream-Anzeigen und vieles mehr, um Ihre Videos gezielt zu bewerben und Ihr Engagement zu steigern.

Gesponserte Beiträge sind eine häufige Form der Werbung auf Social Media-Plattformen, bei der Ihre Videos als gesponserte Inhalte in den Feeds der Benutzer angezeigt werden. Diese Beiträge werden mit einem Hinweis versehen, dass sie gesponsert sind, und können verwendet werden, um Ihre Videos einem breiteren Publikum zu präsentieren und Ihre Reichweite zu steigern. Sie können auch gezielte Zielgruppenausrichtungsoptionen verwenden, um Ihre gesponserten Beiträge nur bestimmten Benutzern anzuzeigen, die Ihren Zielkriterien entsprechen.

Story-Anzeigen sind eine weitere beliebte Form der Werbung auf Social Media-Plattformen, bei der Ihre Videos als Anzeigen in den Storys der Benutzer angezeigt werden. Diese Anzeigen erscheinen zwischen den Storys der Benutzer und können verwendet werden, um Ihre Videos einem breiteren Publikum zu präsentieren und Ihr Engagement zu steigern. Sie können auch interaktive Elemente wie Umfragen, Fragen und Schieber verwenden, um die Aufmerksamkeit der Benutzer auf Ihre Anzeigen zu lenken und ihr Engagement zu steigern.

In-Stream-Anzeigen sind eine Form der Werbung auf YouTube, bei der Ihre Videos als Anzeigen vor, während oder nach anderen Videos auf der Plattform angezeigt werden. Diese Anzeigen können verwendet werden, um Ihre Videos einem breiteren Publikum zu präsentieren und Ihr Engagement zu steigern, indem sie direkt vor oder nach Inhalten angezeigt werden, die für Ihr Publikum relevant sind. Sie können auch gezielte Zielgruppenausrichtungsoptionen verwenden, um Ihre In-Stream-Anzeigen nur bestimmten Benutzern anzuzeigen, die Ihren Zielkriterien entsprechen.

Bezahlte Promotion ist eine weitere effektive Strategie, um Ihre Reels und Kurzvideos auf Social Media-Plattformen zu bewerben und Ihr Publikum zu erweitern. Durch bezahlte Promotion können Sie Ihre Videos einem breiteren Publikum präsentieren und Ihr Engagement steigern, indem Sie gezielt Zielgruppenausrichtungsoptionen verwenden und Ihre Videos als gesponserte Inhalte in den Feeds und Storys der Benutzer anzeigen.

Bei der bezahlten Promotion können Sie gezielte Zielgruppenausrichtungsoptionen verwenden, um Ihre Videos nur bestimmten Benutzern anzuzeigen, die Ihren Zielkriterien entsprechen. Sie können demografische Merkmale wie Alter, Geschlecht und Standort verwenden, um Ihre Zielgruppe einzugrenzen, sowie Interessen und Verhaltensweisen, um Ihre Anzeigen gezielt an Benutzer zu richten, die wahrscheinlich an Ihrem Inhalt interessiert sind.

Darüber hinaus können Sie auch bezahlte Promotion verwenden, um Ihre Videos als gesponserte Inhalte in den Feeds und Storys der Benutzer anzuzeigen. Diese gesponserten Inhalte werden mit einem Hinweis versehen, dass sie gesponsert sind, und können verwendet werden, um Ihre Videos einem breiteren Publikum zu präsentieren und Ihr Engagement zu steigern. Sie können auch Call-to-Action-Buttons und interaktive Elemente wie Umfragen, Fragen und Schieber verwenden, um die Aufmerksamkeit der Benutzer auf Ihre gesponserten Inhalte zu lenken und ihr Engagement zu steigern.

Werbung und bezahlte Promotion sind effektive Strategien, um die Sichtbarkeit Ihrer Reels und Kurzvideos auf Social Media-Plattformen zu erhöhen und Ihr Publikum zu erweitern. Indem Sie gezielt Zielgruppenausrichtungsoptionen verwenden und Ihre Videos als gesponserte Inhalte in den Feeds und Storys der Benutzer anzeigen, können Sie Ihre Reichweite steigern und Ihr Engagement erhöhen, was dazu beitragen kann, Ihre Videos einem breiteren Publikum zu präsentieren und Ihre Botschaft effektiv zu verbreiten.

Die Vermarktung und Promotion von Reels und Kurzvideos spielt eine entscheidende Rolle bei der Steigerung ihrer Sichtbarkeit, Reichweite und Wirksamkeit auf Social Media-Plattformen. In diesem Kapitel haben wir verschiedene Strategien und Taktiken untersucht, um Ihre Videos gezielt zu bewerben und Ihr Publikum zu erweitern. Von organischen Ansätzen wie Hashtags und

Kooperationen bis hin zu bezahlten Methoden wie Werbung und Influencer-Marketing gibt es eine Vielzahl von Möglichkeiten, um das volle Potenzial Ihrer Reels und Kurzvideos auszuschöpfen.

Wir haben die Bedeutung von organischen Vermarktungsstrategien wie Hashtags und Tagging für die Steigerung der Sichtbarkeit Ihrer Videos betont. Durch die Verwendung relevanter Hashtags können Sie Ihre Videos einem breiteren Publikum präsentieren und Ihre Reichweite erhöhen. Ebenso können Sie durch das Tagging von relevanten Benutzern und Marken die Aufmerksamkeit auf Ihre Videos lenken und Ihr Engagement steigern. Diese organischen Ansätze erfordern zwar Zeit und Engagement, können jedoch effektiv sein, um Ihre Videos gezielt zu bewerben und Ihr Publikum zu erweitern.

Wir haben auch die Rolle von bezahlten Vermarktungsstrategien wie Werbung und bezahlte Promotion auf Social Media-Plattformen untersucht. Durch die Nutzung von Werbeformaten wie gesponserten Beiträgen, Story-Anzeigen und In-Stream-Anzeigen können Sie Ihre Videos einem breiteren Publikum präsentieren und Ihre Reichweite erhöhen. Ebenso können Sie durch bezahlte Promotion Ihre Videos gezielt an bestimmte Zielgruppen richten und Ihr Engagement steigern. Diese bezahlten Methoden bieten eine effektive Möglichkeit, die Sichtbarkeit Ihrer Videos zu erhöhen und Ihr Publikum zu erweitern.

Schließlich haben wir die Bedeutung von Zusammenarbeit und Partnerschaften bei der Vermarktung und Promotion von Reels und Kurzvideos hervorgehoben. Durch die Zusammenarbeit mit anderen Content-Erstellern und Influencern können Sie deren Reichweite nutzen und Ihr Engagement steigern, indem Sie Ihre Videos einem neuen Publikum präsentieren. Diese Partnerschaften bieten eine Win-Win-Situation für beide Seiten und können dazu beitragen, die Sichtbarkeit Ihrer Videos zu erhöhen und Ihr Publikum zu erweitern.

Die Vermarktung und Promotion von Reels und Kurzvideos ist ein entscheidender Schritt, um ihre Sichtbarkeit, Reichweite und Wirksamkeit auf Social Media-Plattformen zu maximieren. Durch die Kombination von organischen und bezahlten Vermarktungsstrategien sowie durch die Zusammenarbeit mit anderen Content-Erstellern und Influencern können Sie das volle Potenzial Ihrer Videos ausschöpfen und Ihr Publikum gezielt erweitern. Im nächsten Kapitel werden wir uns mit der Erfolgsmessung und Optimierung Ihrer Reels und Kurzvideos befassen, um sicherzustellen, dass Sie Ihre Ziele erreichen und Ihre Strategien kontinuierlich verbessern können.

Kapitel 8 Erfolgsmessung und Optimierung

Die kontinuierliche Erfolgsmessung und Optimierung Ihrer Reels und Kurzvideos auf Social Media-Plattformen sind von entscheidender Bedeutung, um sicherzustellen, dass Ihre Inhalte effektiv sind und Ihre Ziele erreicht werden. In diesem Kapitel werden wir uns ausführlich mit verschiedenen Metriken und Analysetools befassen, um den Erfolg Ihrer Videos zu messen, Schwachstellen zu identifizieren und Optimierungsstrategien zu entwickeln. Von der Analyse von Engagement-Raten bis hin zur Nutzung von Insights-Tools bieten wir Ihnen Einblicke und Empfehlungen, wie Sie Ihre Reels und Kurzvideos kontinuierlich verbessern können, um Ihr Publikum zu erreichen und zu begeistern.

Um den Erfolg Ihrer Reels und Kurzvideos zu messen, ist es wichtig, die richtigen Metriken und Analysetools zu verwenden. Dazu gehören Metriken wie Aufrufe, Engagement-Raten, Interaktionen, Impressions, Follower-Wachstum und vieles mehr. Diese Metriken bieten Einblicke in die Leistung Ihrer Videos und helfen Ihnen dabei, zu verstehen, wie gut sie bei Ihrem Publikum ankommen. Darüber hinaus können Sie Analysetools wie Instagram Insights, YouTube Analytics und TikTok Analytics nutzen, um detaillierte Einblicke in die Leistung Ihrer Videos zu erhalten und Trends im Verhalten Ihres Publikums zu identifizieren.

Die Optimierung Ihrer Reels und Kurzvideos erfordert kontinuierliches Lernen und Anpassen an die sich ständig ändernden Anforderungen und Vorlieben Ihres Publikums. Dazu gehört die regelmäßige Überprüfung Ihrer Metriken und Analysetools, um Schwachstellen zu identifizieren und Optimierungsstrategien zu entwickeln. Sie können beispielsweise feststellen, dass bestimmte Arten von Inhalten oder Themen besser bei Ihrem Publikum ankommen als andere, oder dass bestimmte Zeiten oder Tage für die Veröffentlichung Ihrer Videos effektiver sind. Durch kontinuierliches Testen und Anpassen können Sie Ihre Reels und Kurzvideos gezielt verbessern und Ihr Publikum weiterhin ansprechen und begeistern.

Im weiteren Verlauf dieses Kapitels werden wir verschiedene Strategien und Best Practices zur Erfolgsmessung und Optimierung Ihrer Reels und Kurzvideos vorstellen. Dazu gehören die Festlegung von Zielen und KPIs, die regelmäßige Überprüfung von Metriken und Analysetools, das Testen und Anpassen von Inhalten und Veröffentlichungszeiten, die Analyse von Trends und Verhaltensweisen des Publikums und vieles mehr. Durch die Implementierung dieser Strategien können Sie sicherstellen, dass Ihre Videos effektiv sind, Ihr Publikum erreichen und Ihre Ziele erreichen.

Die Erfolgsmessung und Optimierung Ihrer Reels und Kurzvideos ist ein entscheidender Schritt, um sicherzustellen, dass Ihre Inhalte effektiv sind und Ihr Publikum erreichen. Durch die Verwendung von Metriken und Analysetools, kontinuierliches Lernen und Anpassen und die Implementierung von Strategien zur Erfolgsmessung und Optimierung können Sie Ihre Reels und Kurzvideos gezielt verbessern und Ihr Publikum weiterhin ansprechen und begeistern.

Metriken zur Erfolgsmessung

Die Messung des Erfolgs Ihrer Reels und Kurzvideos auf Social Media-Plattformen erfordert die Verwendung einer Vielzahl von Metriken, die Ihnen Einblicke in verschiedene Aspekte der Leistung Ihrer Videos geben. In diesem Abschnitt werden wir uns ausführlich mit den wichtigsten Metriken zur Erfolgsmessung befassen, darunter Reichweite, Engagement und Conversion. Diese Metriken sind entscheidend, um den Erfolg Ihrer Videos zu beurteilen, Ihr Publikum zu verstehen und Ihre Inhalte gezielt zu optimieren.

Die Reichweite ist eine grundlegende Metrik, die angibt, wie viele Personen Ihre Reels und Kurzvideos gesehen haben. Sie zeigt Ihnen, wie weit Ihre Inhalte auf Social Media verbreitet werden und wie viele potenzielle Zuschauer Ihre Videos erreichen. Die Reichweite kann durch verschiedene Faktoren beeinflusst werden, darunter die Verwendung von Hashtags, die Interaktionen mit Ihrem Inhalt und die Algorithmen der jeweiligen Plattform. Durch die Messung der Reichweite können Sie feststellen, wie erfolgreich Ihre Videos bei der Erreichung eines breiten Publikums sind und welche Maßnahmen ergriffen werden müssen, um sie zu verbessern.

Das Engagement ist eine weitere wichtige Metrik, die angibt, wie aktiv Ihr Publikum mit Ihren Reels und Kurzvideos interagiert. Sie umfasst verschiedene Interaktionsformen wie Likes, Kommentare, Shares, und Saves. Das Engagement zeigt Ihnen, wie gut Ihre Videos bei Ihrem Publikum ankommen und wie stark sie daran interessiert sind, sich mit Ihrem Inhalt zu beschäftigen. Eine hohe Engagement-Rate deutet darauf hin, dass Ihre Videos relevant und ansprechend sind und eine starke Bindung zu Ihrem Publikum aufbauen. Durch die Analyse des Engagements können Sie feststellen, welche Arten von Inhalten bei Ihrem Publikum am besten ankommen und welche Aspekte Ihrer Videos verbessert werden können, um die Interaktion weiter zu fördern.

Die Conversion-Rate misst, wie effektiv Ihre Reels und Kurzvideos dabei sind, Ihre definierten Ziele zu erreichen. Diese Ziele können je nach Ihren Marketingzielen unterschiedlich sein und umfassen beispielsweise die Steigerung des Umsatzes, die Generierung von Leads, die Erhöhung der Markenbekanntheit oder die Förderung von Aktionen wie dem Abonnieren Ihres Kanals oder dem Besuch Ihrer Website. Die Conversion-Rate gibt Ihnen Einblicke darüber, wie gut Ihre Videos dabei sind, Ihre Ziele zu erreichen, und ermöglicht es Ihnen, gezielt Maßnahmen zu ergreifen, um die Conversion-Rate zu verbessern. Dies kann beispielsweise die Optimierung von Call-to-Actions, die Anpassung des Contents an die Bedürfnisse Ihrer Zielgruppe oder die Implementierung von Tracking-Tools zur Messung von Conversions umfassen.

Reichweite, Engagement und Conversion sind entscheidende Metriken, um den Erfolg Ihrer Reels und Kurzvideos auf Social Media zu messen. Durch die regelmäßige Überprüfung und Analyse dieser Metriken können Sie Ihre Videos gezielt optimieren und sicherstellen, dass sie Ihre Ziele effektiv erreichen.

Die Analyse von Daten und Trends spielt eine entscheidende Rolle bei der Optimierung Ihrer Reels und Kurzvideos auf Social Media. In diesem Abschnitt werden wir uns ausführlich damit befassen, wie Sie Daten analysieren und Trends erkennen können, um Ihre

Videos gezielt zu verbessern und Ihr Publikum effektiv zu erreichen.

Die Datenanalyse ist ein entscheidendes Instrument, um den Erfolg Ihrer Reels und Kurzvideos auf Social Media zu verstehen und gezielt zu optimieren. Indem Sie sich einen eingehenden Einblick in die Leistung Ihrer Videos verschaffen, können Sie fundierte Entscheidungen treffen und Ihre Inhalte an die Bedürfnisse und Vorlieben Ihres Publikums anpassen.

Um die Leistung Ihrer Reels und Kurzvideos zu bewerten, ist es wichtig, eine Vielzahl von Metriken zu berücksichtigen. Dazu gehören unter anderem Aufrufe, Engagement-Raten, Impressions, Follower-Wachstum, Shares, Kommentare und Saves. Diese Metriken liefern Ihnen wertvolle Einblicke in die Interaktionen und Reaktionen Ihres Publikums auf Ihre Inhalte und ermöglichen es Ihnen, die Wirksamkeit Ihrer Videos zu beurteilen.

Aufrufe geben an, wie oft Ihre Videos angesehen wurden, und sind eine grundlegende Kennzahl für die Reichweite Ihrer Inhalte. Engagement-Raten wie Likes, Kommentare und Shares zeigen Ihnen, wie aktiv Ihr Publikum mit Ihren Videos interagiert und wie gut Ihre Inhalte ankommen. Impressions zeigen, wie oft Ihre Videos auf den Feeds anderer Nutzer angezeigt wurden, während Follower-Wachstum die Entwicklung Ihrer Abonnentenzahlen im Zeitverlauf darstellt.

Um die Leistung Ihrer Reels und Kurzvideos effektiv zu analysieren, können Sie verschiedene Tools und Plattformen nutzen. Die meisten Social Media-Plattformen bieten eingebaute Analysetools an, die Ihnen detaillierte Einblicke in die Performance Ihrer Videos geben. Darüber hinaus gibt es eine Vielzahl von externen Tools und Softwarelösungen, die erweiterte Analysefunktionen und detaillierte Berichte bieten.

Zu den beliebten Tools zur Datenanalyse gehören beispielsweise Google Analytics, Hootsuite Analytics, Sprout Social, Buffer und viele mehr. Diese Tools ermöglichen es Ihnen, Ihre Video-Metriken zu verfolgen, benutzerdefinierte Berichte zu erstellen, Trends zu identifizieren und die Leistung Ihrer Videos im Zeitverlauf zu überwachen. Durch die regelmäßige Nutzung dieser Tools können Sie Ihre Daten effektiv analysieren und gezielt Maßnahmen zur Optimierung Ihrer Reels und Kurzvideos ergreifen.

Um die Datenanalyse effektiv zu nutzen, ist es wichtig, eine strategische Herangehensweise zu verfolgen. Dazu gehört zunächst eine regelmäßige Überprüfung und Auswertung Ihrer Video-Metriken, um Trends und Muster zu identifizieren. Basierend auf diesen Erkenntnissen können Sie dann gezielte Maßnahmen ergreifen, um die Leistung Ihrer Videos zu verbessern.

Ein wichtiger Schritt ist die Identifizierung von Stärken und Schwächen Ihrer Inhalte sowie die Bestimmung von Optimierungspotenzialen. Durch die Analyse von erfolgreichen Videos können Sie beispielsweise herausfinden, welche Themen, Formate oder Stile bei Ihrem Publikum gut ankommen, und diese Erkenntnisse nutzen, um ähnliche Inhalte zu erstellen.

Darüber hinaus sollten Sie auch Ihre Zielgruppe und deren Verhalten genau analysieren, um Ihre Inhalte gezielt anzupassen. Indem Sie verstehen, welche Arten von Inhalten Ihre Zielgruppe ansprechen und wie sie mit Ihren Videos interagieren, können Sie Ihre Inhalte besser auf ihre Bedürfnisse und Vorlieben zuschneiden.

Die Trendanalyse ist ein wesentlicher Bestandteil der Strategie zur Vermarktung und Promotion von Reels und Kurzvideos auf Social-Media-Plattformen. Sie ermöglicht es Ihnen, relevante und ansprechende Inhalte zu erstellen, die das Interesse Ihres Zielpublikums wecken und Ihre Reichweite auf den Plattformen steigern können. In diesem Abschnitt werden wir uns eingehend mit der Trendanalyse befassen und Ihnen zeigen, wie Sie aktuelle Themen und Vorlieben identifizieren können, um Ihre Videos gezielt zu optimieren.

Eine effektive Trendanalyse beginnt mit der Beobachtung von Branchentrends. Dies umfasst die regelmäßige Überprüfung von Nachrichten, Fachzeitschriften, Blogs, Foren und anderen Quellen, um sich über die neuesten Entwicklungen und Ereignisse in Ihrer Branche auf dem Laufenden zu halten. Indem Sie Trends in Ihrer Branche identifizieren, können Sie Inhalte erstellen, die aktuell und relevant sind und das Interesse Ihres Zielpublikums wecken.

Neben Branchentrends ist es auch wichtig, die Trends auf den einzelnen Social-Media-Plattformen zu überwachen, auf denen Sie Ihre Reels und Kurzvideos veröffentlichen. Jede Plattform hat ihre eigenen Besonderheiten und Trends, die sich auf die Art und Weise auswirken können, wie Inhalte wahrgenommen und konsumiert werden. Indem Sie die Trends auf Plattformen wie Instagram,

TikTok, Snapchat und YouTube beobachten, können Sie sicherstellen, dass Ihre Videos den aktuellen Vorlieben und Erwartungen der Nutzer entsprechen.

Eine gründliche Analyse des Nutzerverhaltens und der Vorlieben ist ebenfalls entscheidend für die Trendanalyse. Indem Sie Daten zu Nutzerinteraktionen, Suchanfragen, Likes, Shares und Kommentaren analysieren, können Sie erkennen, welche Themen, Formate und Stile bei Ihrem Zielpublikum besonders beliebt sind. Diese Erkenntnisse können Ihnen dabei helfen, Inhalte zu erstellen, die das Interesse Ihrer Zielgruppe wecken und die Wahrscheinlichkeit erhöhen, dass Ihre Videos geteilt und weiterverbreitet werden.

Um Trends effektiv zu identifizieren und zu verfolgen, können Sie auch auf verschiedene Trendrecherche-Tools und -Plattformen zurückgreifen. Diese Tools bieten Ihnen Einblicke in aktuelle Themen, populäre Hashtags, virale Inhalte und vieles mehr, was Ihnen dabei helfen kann, relevante und ansprechende Inhalte zu erstellen. Zu den beliebten Trendrecherche-Tools gehören beispielsweise Google Trends, BuzzSumo, TrendHunter und Hashtagify.

Um Trends erfolgreich zu nutzen, ist es wichtig, eine strategische Herangehensweise zu verfolgen. Dazu gehört die regelmäßige Überprüfung von Branchentrends und Plattformtrends, die Analyse des Nutzerverhaltens und der Vorlieben sowie die Nutzung von Trendrecherche-Tools. Basierend auf diesen Erkenntnissen können Sie dann gezielte Maßnahmen ergreifen, um Inhalte zu erstellen, die das Interesse Ihres Zielpublikums wecken und Ihre Reichweite auf den Social-Media-Plattformen steigern.

Die Daten- und Trendanalyse ist von entscheidender Bedeutung für den Erfolg Ihrer Reels und Kurzvideos auf Social-Media-Plattformen. In diesem Abschnitt werden wir verschiedene Strategien untersuchen, mit denen Sie Ihre Daten effektiv analysieren und relevante Trends identifizieren können, um Ihre Inhalte gezielt zu optimieren.

Bevor Sie mit der Daten- und Trendanalyse beginnen, ist es wichtig, klare Ziele und Kennzahlen festzulegen, die Sie verfolgen möchten. Überlegen Sie, welche Metriken für die Leistung Ihrer Reels und Kurzvideos am wichtigsten sind und wie Sie den Erfolg Ihrer Inhalte messen möchten. Dies könnte beispielsweise die Anzahl der Aufrufe, die Engagement-Raten, die Anzahl der Shares oder die Conversion-Raten umfassen. Indem Sie klare Ziele und Kennzahlen festlegen, können Sie Ihre Analyseziele fokussieren und gezielt Maßnahmen zur Optimierung Ihrer Inhalte ergreifen.

Eine effektive Daten- und Trendanalyse erfordert die Nutzung von Analysetools und Plattformstatistiken, um Einblicke in die Leistung Ihrer Reels und Kurzvideos zu gewinnen. Die meisten Social-Media-Plattformen bieten eingebaute Analysetools an, die Ihnen detaillierte Informationen über die Performance Ihrer Inhalte liefern. Nutzen Sie diese Tools, um Daten wie Aufrufe, Engagement-Raten, Impressions, Follower-Wachstum und mehr zu verfolgen. Darüber hinaus können Sie auch externe Analysetools und

Softwarelösungen verwenden, um erweiterte Analysefunktionen und detaillierte Berichte zu erhalten.

Die Datenanalyse sollte ein kontinuierlicher Prozess sein, der regelmäßig durchgeführt wird, um die Leistung Ihrer Reels und Kurzvideos im Zeitverlauf zu überwachen und Trends zu identifizieren. Setzen Sie sich regelmäßig Zeit zur Analyse Ihrer Daten und zur Auswertung Ihrer Ergebnisse. Überprüfen Sie, wie sich Ihre Inhalte im Vergleich zu Ihren Zielen und Benchmarks entwickeln, und identifizieren Sie Bereiche, die möglicherweise verbessert werden müssen. Durch die kontinuierliche Überwachung und Auswertung Ihrer Daten können Sie schnell auf Veränderungen reagieren und Ihre Inhalte entsprechend optimieren.

Neben der Analyse Ihrer eigenen Daten ist es auch wichtig, die Branchen- und Plattformtrends zu identifizieren, die sich auf Ihre Inhalte auswirken können. Halten Sie sich über die neuesten Entwicklungen und Ereignisse in Ihrer Branche auf dem Laufenden und beobachten Sie die Trends auf den einzelnen Social-Media-Plattformen, auf denen Sie aktiv sind. Indem Sie sich über aktuelle Themen, beliebte Hashtags und virale Inhalte informieren, können Sie Inhalte erstellen, die aktuell und relevant sind und das Interesse Ihres Zielpublikums wecken.

Ein wichtiger Bestandteil der Daten- und Trendanalyse ist das Testen und Optimieren von Inhalten, um die Wirksamkeit Ihrer Reels und Kurzvideos zu maximieren. Nutzen Sie A/B-Tests und andere experimentelle Ansätze, um verschiedene Formate, Themen und Stile zu testen und zu sehen, welche am besten funktionieren.

Basierend auf den Ergebnissen Ihrer Tests können Sie dann gezielt Maßnahmen ergreifen, um Ihre Inhalte zu optimieren und ihre Leistung zu verbessern.

Schließlich ist es wichtig, flexibel und anpassungsfähig zu sein und Ihre Strategien zur Daten- und Trendanalyse entsprechend anzupassen. Die Social-Media-Landschaft ist dynamisch und ständig im Wandel, daher ist es wichtig, sich an neue Trends und Entwicklungen anzupassen. Seien Sie bereit, Ihre Strategien zu überdenken und anzupassen, basierend auf den Erkenntnissen, die Sie aus Ihrer Daten- und Trendanalyse gewinnen.

Kontinuierliche Optimierung der Strategie

Die kontinuierliche Optimierung der Strategie ist ein wesentlicher Bestandteil jeder erfolgreichen Social-Media-Marketingkampagne, insbesondere wenn es um die Vermarktung und Promotion von Reels und Kurzvideos geht. In diesem Abschnitt werden wir verschiedene Aspekte der kontinuierlichen Optimierung der Strategie untersuchen und wie diese angewendet werden können, um die Leistung und Reichweite Ihrer Inhalte zu verbessern.

Eine der wichtigsten Maßnahmen zur kontinuierlichen Optimierung Ihrer Strategie ist die regelmäßige Überprüfung Ihrer aktuellen Ansätze und Taktiken. Setzen Sie sich regelmäßig Zeit dafür ein, Ihre bestehende Strategie zu evaluieren und zu analysieren, wie gut sie funktioniert. Überprüfen Sie Ihre Ziele, Metriken und Ergebnisse und überlegen Sie, ob Anpassungen oder Änderungen erforderlich sind, um Ihre Ziele effektiver zu erreichen.

Die Zielgruppe und die Dynamik der Social-Media-Plattformen ändern sich ständig, und es ist wichtig, darauf zu reagieren, um Ihre Strategie kontinuierlich zu optimieren. Halten Sie sich über Veränderungen im Verhalten und den Vorlieben Ihrer Zielgruppe auf dem Laufenden und passen Sie Ihre Inhalte und Ansätze entsprechend an. Darüber hinaus sollten Sie auch die sich ändernden Algorithmen und Funktionen der Plattformen im Auge behalten und Ihre Strategie entsprechend anpassen, um von den neuesten Entwicklungen zu profitieren.

Um Ihre Strategie kontinuierlich zu optimieren, ist es wichtig, regelmäßig Experimente durchzuführen und neue Ansätze zu testen. Seien Sie bereit, verschiedene Ideen, Formate und Taktiken auszuprobieren und zu sehen, was am besten funktioniert. Führen Sie A/B-Tests durch, um verschiedene Varianten Ihrer Inhalte zu testen, und analysieren Sie die Ergebnisse, um zu verstehen, welche Ansätze die besten Ergebnisse liefern. Durch das kontinuierliche Experimentieren und Testen können Sie wertvolle Erkenntnisse gewinnen und Ihre Strategie entsprechend optimieren.

Um Ihre Strategie kontinuierlich zu optimieren, ist es wichtig, eine kontinuierliche Lernbereitschaft und Anpassungsfähigkeit zu zeigen. Seien Sie bereit, aus Ihren Erfahrungen zu lernen und sich weiterzuentwickeln, indem Sie neue Fähigkeiten erwerben und sich über die neuesten Trends und Best Practices informieren. Bleiben Sie offen für Feedback und Rückmeldungen von Ihrem Publikum und Ihren Kollegen und nutzen Sie diese, um Ihre Strategie zu verbessern und zu optimieren.

Die kontinuierliche Optimierung der Strategie erfordert auch eine langfristige Planung und Anpassung Ihrer Ansätze im Laufe der Zeit. Nehmen Sie sich regelmäßig Zeit, um Ihre langfristigen Ziele und Pläne zu überprüfen und sicherzustellen, dass Ihre Strategie diesen Zielen entspricht. Seien Sie bereit, Ihre Strategie anzupassen und zu optimieren, um sich verändernden Bedingungen und Herausforderungen anzupassen und sicherzustellen, dass Sie auf Kurs bleiben, um Ihre Ziele zu erreichen.

In diesem Kapitel haben wir die Bedeutung der Erfolgsmessung und Optimierung von Reels und Kurzvideos im Rahmen Ihrer Social-Media-Marketingstrategie untersucht. Wir haben gelernt, wie wichtig es ist, klare Ziele zu setzen, relevante Metriken zu verfolgen und kontinuierlich Ihre Strategie zu optimieren, um den Erfolg Ihrer Inhalte zu maximieren.

Indem Sie die Leistung Ihrer Videos regelmäßig überwachen, Daten und Trends analysieren und Ihre Strategie entsprechend anpassen, können Sie sicherstellen, dass Sie auf dem richtigen Weg sind, um Ihre Ziele zu erreichen. Die kontinuierliche Optimierung Ihrer Strategie erfordert Engagement, Anpassungsfähigkeit und die Bereitschaft, aus Ihren Erfahrungen zu lernen. Durch Experimente, Anpassungen und eine offene Einstellung gegenüber Feedback können Sie Ihre Strategie kontinuierlich verbessern und optimieren, um den Erfolg Ihrer Reels und Kurzvideos zu maximieren.

Als nächstes werfen wir einen Blick auf die Zukunft von Reels und Kurzvideos im Social-Media-Marketing. Im nächsten Kapitel werden wir uns mit aktuellen Trends, zukünftigen Entwicklungen und innovativen Strategien für die Erstellung und Promotion von Reels und Kurzvideos befassen. Wir werden erkunden, wie sich die Landschaft des Social-Media-Marketings weiterentwickelt und welche neuen Chancen sich für Marken und Unternehmen eröffnen. Lassen Sie uns nun gemeinsam einen Ausblick auf die Zukunft werfen und die spannenden Möglichkeiten entdecken, die uns erwarten.

Kapitel 9 Ausblick und Zukunftstrends

In diesem abschließenden Kapitel werfen wir einen Blick in die Zukunft und erkunden die sich abzeichnenden Trends und Entwicklungen im Bereich von Reels und Kurzvideos im Social-Media-Marketing. Während wir die bisherigen Kapitel genutzt haben, um die Grundlagen, Strategien und Best Practices zu diskutieren, ist es nun an der Zeit, einen Schritt weiter zu gehen und uns mit den zukünftigen Möglichkeiten und Herausforderungen auseinanderzusetzen.

In den letzten Jahren haben Reels und Kurzvideos eine bemerkenswerte Entwicklung durchlaufen und sind zu einem integralen Bestandteil der Social-Media-Landschaft geworden. Plattformen wie Instagram, TikTok und Snapchat haben die Art und Weise verändert, wie Menschen Inhalte konsumieren und teilen. Unternehmen und Marken erkennen zunehmend das Potenzial von Reels und Kurzvideos, um ihre Zielgruppen zu erreichen und zu engagieren.

Angesichts dieser Entwicklungen ist es wichtig, die sich entwickelnde Landschaft von Reels und Kurzvideos zu verstehen und zu antizipieren, wie sie sich in Zukunft weiterentwickeln könnte.

Welche Trends und Entwicklungen können wir in Bezug auf Reels und Kurzvideos in den kommenden Jahren erwarten? Eine mögliche Entwicklung ist die verstärkte Integration von Reels und Kurzvideos in E-Commerce-Plattformen, was es Unternehmen ermöglichen würde, direkt von ihren Inhalten zu monetarisieren. Darüber hinaus könnten wir eine zunehmende Diversifizierung von Reels und Kurzvideos in Bezug auf Formate, Genres und Zielgruppen sehen, um eine breitere Palette von Interessen und Bedürfnissen

anzusprechen. Die Personalisierung von Reels und Kurzvideos könnte ebenfalls an Bedeutung gewinnen, da Plattformen fortschrittliche Algorithmen und Technologien einsetzen, um maßgeschneiderte Inhalte für individuelle Nutzer zu erstellen.

Natürlich wird die Zukunft von Reels und Kurzvideos auch mit Herausforderungen und Chancen einhergehen. Zu den Herausforderungen gehören möglicherweise Datenschutzbedenken, die Regulierung von Inhalten und die steigende Konkurrenz um die Aufmerksamkeit der Nutzer. Auf der anderen Seite bieten sich jedoch auch zahlreiche Chancen für Unternehmen und Marken, die diese Trends nutzen können, um innovative Marketingstrategien zu entwickeln und sich von der Konkurrenz abzuheben.

Zukunft von Reels und Kurzvideos im Social Media Marketing

Die Zukunft von Reels und Kurzvideos im Social Media Marketing verspricht eine kontinuierliche Evolution und Integration in die digitale Landschaft. Als wir bereits in den vorherigen Kapiteln festgestellt haben, haben sich Reels und Kurzvideos als äußerst wirksame Instrumente erwiesen, um die Aufmerksamkeit der Zielgruppe zu gewinnen, das Engagement zu steigern und die Markenbekanntheit zu fördern. Doch wie wird sich diese Form des Content Marketings weiterentwickeln und welche Veränderungen können wir in den kommenden Jahren erwarten?

Ein zunehmender Trend, der bereits jetzt erkennbar ist und sich in Zukunft weiter verstärken dürfte, ist die Dominanz von vertikalen Videoformaten. Mit dem vermehrten Gebrauch von mobilen

Geräten, insbesondere Smartphones, wird sich die Präferenz für vertikale Videos verstärken. Plattformen wie TikTok haben bereits gezeigt, dass vertikale Videoinhalte eine höhere Engagementrate und Nutzerbindung aufweisen. Unternehmen und Marken müssen sich daher auf die Produktion von Inhalten konzentrieren, die speziell für vertikale Formate optimiert sind, um das volle Potenzial von Reels und Kurzvideos auszuschöpfen.

Die Integration von interaktiven Elementen und Augmented Reality (AR) in Reels und Kurzvideos wird voraussichtlich zunehmen. Plattformen wie Instagram und Snapchat bieten bereits verschiedene AR-Filter und interaktive Features, die es Nutzern ermöglichen, mit den Inhalten zu interagieren und eine immersive Erfahrung zu genießen. Durch die Integration solcher Elemente können Marken eine höhere Interaktivität und Engagementrate erzielen, indem sie ihren Zuschauern einzigartige und unterhaltsame Erlebnisse bieten.

Die Zukunft von Reels und Kurzvideos wird auch von einer verstärkten Personalisierung und Individualisierung geprägt sein. Mit fortschrittlichen Algorithmen und Technologien wird es möglich sein, maßgeschneiderte Inhalte zu erstellen, die speziell auf die Vorlieben, Interessen und demografischen Merkmale der Nutzer zugeschnitten sind. Personalisierte Videos können eine höhere Bindung und Relevanz für die Zielgruppe schaffen, da sie deren individuelle Bedürfnisse und Vorlieben ansprechen.

Die Integration von E-Commerce-Funktionalitäten in Reels und Kurzvideos wird in Zukunft eine wichtige Rolle spielen. Plattformen wie Instagram und TikTok haben bereits begonnen, Funktionen einzuführen, die es Unternehmen ermöglichen, Produkte direkt in ihren Videos zu präsentieren und zu verkaufen. Diese Entwicklung wird sich voraussichtlich weiter verstärken, da Unternehmen verstärkt darauf abzielen werden, ihre Zielgruppe direkt über ihre Reels und Kurzvideos anzusprechen und zum Kauf zu animieren.

Emotionales Storytelling und Authentizität werden auch weiterhin wichtige Faktoren für den Erfolg von Reels und Kurzvideos sein. Marken und Unternehmen werden sich darauf konzentrieren müssen, Inhalte zu erstellen, die eine emotionale Verbindung zu ihrer Zielgruppe herstellen und deren Authentizität und Glaubwürdigkeit unterstreichen. Durch die Erzählung von inspirierenden Geschichten und das Teilen persönlicher Einblicke können Marken eine tiefere Bindung zu ihren Zuschauern aufbauen und langfristige Beziehungen aufbauen.

Die Zukunft von Reels und Kurzvideos im Social Media Marketing bietet eine Vielzahl von spannenden Möglichkeiten und Herausforderungen. Durch die Integration von vertikalen Videoformaten, interaktiven Elementen, Personalisierung, E-Commerce-Funktionalitäten und emotionalem Storytelling können Marken und Unternehmen das volle Potenzial von Reels und Kurzvideos ausschöpfen und eine effektive und ansprechende Kommunikation mit ihrer Zielgruppe sicherstellen. Es wird entscheidend sein, flexibel zu bleiben, sich an die sich ständig verändernden Trends anzupassen und kontinuierlich innovative Ansätze zu entwickeln, um auch in Zukunft erfolgreich im Social Media Marketing zu sein.

Emerging Platforms und neue Funktionen

Mit der ständigen Weiterentwicklung der Technologie und der stetig wachsenden digitalen Landschaft entstehen immer wieder neue Social-Media-Plattformen und Funktionen, die das Potential haben, die Art und Weise, wie Reels und Kurzvideos im Marketing eingesetzt werden, zu verändern. Diese Emerging Platforms und neuen Funktionen bieten sowohl Chancen als auch Herausforderungen für Marken und Unternehmen, die ihre Reichweite und Engagement steigern möchten.

Jenseits der etablierten Plattformen wie Instagram, TikTok und Snapchat entstehen kontinuierlich neue Social-Media-Plattformen, die eine breite Palette von Inhalten und Interaktionsmöglichkeiten bieten. Plattformen wie Triller, Byte und Dubsmash haben in den letzten Jahren an Popularität gewonnen und bieten Marken neue Möglichkeiten, sich mit ihrer Zielgruppe zu verbinden. Diese aufstrebenden Plattformen zeichnen sich oft durch ein einzigartiges Nutzererlebnis oder spezifische Zielgruppen aus und bieten Marken die Chance, sich frühzeitig zu positionieren und eine engagierte Community aufzubauen.

Neben neuen Plattformen entwickeln auch etablierte Social-Media-Plattformen kontinuierlich neue Funktionen und Tools, um das Benutzererlebnis zu verbessern und die Interaktionen zu fördern. Zum Beispiel hat Instagram in den letzten Jahren eine Vielzahl neuer Funktionen eingeführt, darunter Reels, IGTV, Live Shopping und mehr. Diese neuen Funktionen erweitern die Möglichkeiten für Marken, kreative Inhalte zu erstellen und mit ihrer Zielgruppe zu interagieren. Durch die Integration dieser neuen Funktionen in ihre Marketingstrategien können Marken ihre Reichweite erweitern und ihre Markenbekanntheit steigern.

Der Aufstieg von Emerging Platforms und neuen Funktionen bietet sowohl Chancen als auch Herausforderungen für Marken und Unternehmen. Einerseits bieten diese neuen Plattformen und Funktionen die Möglichkeit, sich von der Konkurrenz abzuheben, eine neue Zielgruppe zu erreichen und innovative Marketingstrategien zu entwickeln. Andererseits erfordert die Integration neuer Plattformen und Funktionen zusätzliche Ressourcen und Investitionen in die Content-Produktion und das Community-Management. Marken müssen daher sorgfältig abwägen, welche neuen Plattformen und Funktionen für ihre Ziele und Zielgruppen am relevantesten sind und wie sie diese effektiv in ihre Marketingstrategien integrieren können.

Um das volle Potenzial von Emerging Platforms und neuen Funktionen auszuschöpfen, ist es wichtig, bewährte Praktiken zu befolgen und eine datengesteuerte, strategische Herangehensweise zu verfolgen. Dazu gehören die kontinuierliche Überwachung neuer Plattformen und Funktionen, die Analyse ihrer Leistung und Effektivität sowie die Anpassung der Marketingstrategien entsprechend der Erkenntnisse. Darüber hinaus ist es wichtig, sich auf die Bedürfnisse und Vorlieben der Zielgruppe zu konzentrieren und Inhalte zu erstellen, die authentisch, relevant und ansprechend sind.

Die Entwicklung von Emerging Platforms und neuen Funktionen bietet Marken und Unternehmen eine Vielzahl von Möglichkeiten, um ihre Reichweite und Engagement zu steigern und mit ihrer Zielgruppe in Kontakt zu treten. Durch die Nutzung dieser neuen Plattformen und Funktionen, gepaart mit einer datengesteuerten, strategischen Herangehensweise, können Marken eine starke Präsenz auf Social Media aufbauen und langfristige Beziehungen zu ihrer Zielgruppe aufbauen. Es ist wichtig, flexibel zu bleiben und sich kontinuierlich an die sich verändernde digitale Landschaft anzupassen, um erfolgreich im Marketing zu sein.

Tipps für langfristigen Erfolg

Langfristiger Erfolg in der Vermarktung und Promotion von Reels und Kurzvideos erfordert eine strategische Herangehensweise und kontinuierliche Anpassungen an die sich ständig verändernde Landschaft der sozialen Medien. Hier sind einige Tipps, um langfristig erfolgreich zu sein:

Ein kontinuierlicher Analyseprozess ist entscheidend, um den Erfolg von Reels und Kurzvideos langfristig zu messen und zu optimieren. Dabei sollten Metriken wie Reichweite, Engagement, Conversion-Rate und andere relevante Kennzahlen regelmäßig überwacht und ausgewertet werden. Basierend auf diesen Erkenntnissen können Anpassungen an der Content-Strategie, der Veröffentlichungszeitpunkte, der Hashtag-Nutzung und anderen Faktoren vorgenommen werden, um die Leistung kontinuierlich zu verbessern.

Langfristiger Erfolg auf sozialen Medien beruht oft auf dem Aufbau langfristiger Beziehungen zu Ihrer Zielgruppe. Das bedeutet, dass Sie sich darauf konzentrieren sollten, authentische und relevante Inhalte zu erstellen, die einen Mehrwert für Ihre Zielgruppe bieten und sie dazu ermutigen, sich mit Ihrer Marke zu engagieren und zu interagieren. Indem Sie eine aktive Community aufbauen und regelmäßig mit Ihren Followern kommunizieren, können Sie eine loyale und engagierte Fangemeinde aufbauen, die langfristig zu Ihrem Erfolg beiträgt.

Die Welt der sozialen Medien ist dynamisch und ständig im Wandel, daher ist es wichtig, flexibel und anpassungsfähig zu sein. Das bedeutet, dass Sie offen für Veränderungen sein und bereit sein müssen, Ihre Strategien und Taktiken anzupassen, um den sich verändernden Trends und dem Verhalten Ihrer Zielgruppe gerecht zu werden. Seien Sie bereit, neue Plattformen und Funktionen auszuprobieren, Trends zu erkennen und auf Veränderungen im Algorithmus oder den Nutzerverhalten zu reagieren, um langfristig erfolgreich zu bleiben.

Langfristiger Erfolg erfordert eine Investition in Qualität und Kreativität bei der Erstellung von Reels und Kurzvideos. Das bedeutet, dass Sie Zeit und Ressourcen in die Produktion hochwertiger Inhalte investieren sollten, die Ihre Marke authentisch repräsentieren und Ihre Zielgruppe ansprechen. Seien Sie kreativ und innovativ in der Art und Weise, wie Sie Ihre Botschaft vermitteln, und streben Sie danach, Inhalte zu erstellen, die sich von der Masse abheben und einen bleibenden Eindruck hinterlassen.

Die Bildung langfristiger strategischer Partnerschaften kann entscheidend sein, um langfristigen Erfolg auf sozialen Medien zu erzielen. Dies kann die Zusammenarbeit mit Influencern, anderen Marken oder Branchenführern umfassen, um Ihre Reichweite zu erweitern, neue Zielgruppen zu erreichen und Ihre Glaubwürdigkeit zu stärken. Indem Sie langfristige Partnerschaften aufbauen und pflegen, können Sie Synergien nutzen und langfristige Wachstumsmöglichkeiten erschließen.

Langfristiger Erfolg in der Vermarktung und Promotion von Reels und Kurzvideos erfordert eine strategische Herangehensweise, kontinuierliche Anpassungen und Investitionen in Qualität, Kreativität und langfristige Beziehungen. Durch eine datengesteuerte Analyse, den Aufbau einer aktiven Community, Flexibilität und Anpassungsfähigkeit, sowie Investitionen in Qualität und strategische Partnerschaften können Marken langfristig erfolgreich sein und eine nachhaltige Präsenz auf sozialen Medien aufbauen.

Der Ausblick und die Zukunftstrends im Bereich von Reels und Kurzvideos versprechen eine faszinierende Entwicklung, die das Gesicht des Social Media Marketings weiterhin prägen wird. Mit Blick auf die sich ständig verändernde Landschaft der sozialen Medien und die zunehmende Relevanz von visuellem Content können wir eine Vielzahl von Trends und Entwicklungen identifizieren, die in den kommenden Jahren eine wichtige Rolle spielen werden.

Eine der vielversprechendsten Zukunftstrends ist die Entwicklung von interaktiven Kurzvideos, die den Nutzern ein immersives und personalisiertes Erlebnis bieten. Durch die Integration interaktiver Elemente wie Umfragen, Quizze, Swipe-Up-Links und Einkaufsmöglichkeiten direkt in die Videos können Marken eine tiefere Interaktion mit ihrer Zielgruppe ermöglichen und das Engagement steigern.

Die steigende Bedeutung von Augmented Reality (AR) und Virtual Reality (VR) wird auch im Bereich von Reels und Kurzvideos eine wichtige Rolle spielen. Durch die Integration von AR- und VR-Elementen können Marken immersive Erlebnisse schaffen und ihren Zuschauern einzigartige und interaktive Inhalte bieten, die über traditionelle Videos hinausgehen.

Die Personalisierung und Individualisierung von Inhalten wird in Zukunft eine zentrale Rolle spielen, um die Bedürfnisse und Präferenzen der Nutzer besser zu erfüllen. Durch die Nutzung von Daten und KI-Technologien können Marken personalisierte Inhalte erstellen, die auf das individuelle Verhalten, die Vorlieben und Interessen der Zielgruppe zugeschnitten sind.

Der Aufstieg von vertikalen Videos und mobilem Storytelling wird weiterhin an Bedeutung gewinnen, da immer mehr Nutzer auf mobilen Geräten auf soziale Medien zugreifen. Vertikale Videos ermöglichen eine optimierte Darstellung auf mobilen Bildschirmen und bieten eine immersive und ansprechende Erfahrung für die Zuschauer.

Nachhaltigkeit und soziale Verantwortung werden zunehmend zu zentralen Themen in der Content-Erstellung und Vermarktung von Reels und Kurzvideos. Marken, die sich für umweltfreundliche Praktiken einsetzen und soziale Verantwortung übernehmen, können das Vertrauen und die Loyalität ihrer Zielgruppe stärken und langfristige Beziehungen aufbauen.

Insgesamt bietet der Ausblick und die Zukunftstrends im Bereich von Reels und Kurzvideos spannende Möglichkeiten für Marken, um innovative und ansprechende Inhalte zu erstellen und ihre Zielgruppe auf neue Weise zu erreichen. Von interaktiven Kurzvideos über AR- und VR-Erlebnisse bis hin zu personalisierten Inhalten und mobilem Storytelling gibt es eine Vielzahl von Trends, die die Zukunft des Social Media Marketings prägen werden. Im nächsten Kapitel werden wir die wichtigsten Erkenntnisse und Empfehlungen zusammenfassen und einen abschließenden Blick auf die Rolle von Reels und Kurzvideos im modernen Marketing werfen.

Kapitel 10 Zusammenfassung und Abschluss

Die vorliegende Arbeit hat einen umfassenden Einblick in die Welt von Reels und Kurzvideos im Kontext des Social Media Marketings geboten. Von der Einführung in die Grundlagen bis hin zu fortgeschrittenen Strategien zur Erstellung, Vermarktung und Erfolgsmessung haben wir zahlreiche Aspekte dieses aufstrebenden Marketingtools behandelt. In dieser Zusammenfassung werden die wichtigsten Erkenntnisse und Empfehlungen noch einmal kompakt dargestellt.

Wir haben gesehen, dass Reels und Kurzvideos eine hohe Reichweite und ein hohes Engagement auf sozialen Plattformen wie Instagram, TikTok und Snapchat ermöglichen. Durch ihre kurze und prägnante Natur sind sie besonders gut geeignet, um die Aufmerksamkeit der Zielgruppe zu gewinnen und emotionale Verbindungen aufzubauen. Darüber hinaus haben wir festgestellt, dass die Nutzung kreativer Inhalte, interaktiver Elemente und aktueller Trends entscheidend für den Erfolg von Reels und Kurzvideos ist.

Im Laufe der Arbeit haben wir verschiedene Strategien zur Erstellung und Vermarktung von Reels und Kurzvideos untersucht. Dazu gehören die Entwicklung einer klaren Content-Strategie, die Identifizierung der Zielgruppe und deren Bedürfnisse, die Auswahl geeigneter Plattformen und Kanäle, die kreative Präsentation von Inhalten sowie die Nutzung von Hashtags, Tagging und Influencer-Marketing zur Steigerung der Reichweite und des Engagements.

Ein weiterer wichtiger Aspekt ist die Erfolgsmessung und Optimierung von Reels und Kurzvideos. Wir haben verschiedene Metriken wie Reichweite, Engagement, Conversion-Rate und Datenanalyse betrachtet, um die Leistung der Videos zu bewerten und kontinuierliche Verbesserungen vorzunehmen. Dabei spielen Trends und datenbasierte Erkenntnisse eine wichtige Rolle bei der kontinuierlichen Optimierung der Marketingstrategie.

Abschließend haben wir einen Ausblick auf die Zukunftstrends und Entwicklungen im Bereich von Reels und Kurzvideos geworfen. Wir haben festgestellt, dass die Integration von interaktiven Elementen, AR und VR, personalisierten Inhalten sowie mobilem Storytelling und sozialer Verantwortung wichtige Trends sein werden, die das Social Media Marketing in den kommenden Jahren prägen werden.

Insgesamt bieten Reels und Kurzvideos ein vielseitiges und effektives Marketinginstrument, das es Marken ermöglicht, ihre Botschaften auf kreative und ansprechende Weise zu kommunizieren. Durch die Nutzung der in dieser Arbeit vorgestellten Strategien und Best Practices können Unternehmen ihre Reichweite, Engagement und Conversion-Rate steigern und langfristigen Erfolg auf sozialen Medien erzielen.

Mit einem Blick in die Zukunft sind wir gespannt darauf, wie sich Reels und Kurzvideos weiterentwickeln und welche neuen Möglichkeiten und Trends sich in diesem dynamischen Bereich des Social Media Marketings entwickeln werden.

Abschließende Gedanken und Empfehlungen

Liebe Leserinnen und Leser,

Nachdem wir gemeinsam durch die vielfältige Welt des Social Media Marketings, insbesondere im Hinblick auf Reels und Kurzvideos, gereist sind, möchte ich diesen Abschnitt nutzen, um einige abschließende Gedanken und Empfehlungen mit Ihnen zu teilen.

Zunächst einmal hoffe ich, dass Sie aus diesem Buch wertvolle Einblicke und Erkenntnisse gewonnen haben, die Ihnen dabei helfen, Ihre Social Media Marketing-Strategien zu optimieren und Ihre Ziele effektiver zu erreichen. Wir haben verschiedene Aspekte dieses aufregenden und sich ständig weiterentwickelnden Bereichs beleuchtet und ich bin zuversichtlich, dass Sie nun besser darauf vorbereitet sind, die Chancen, die Reels und Kurzvideos bieten, zu nutzen.

Ein wichtiges Thema, das wir in diesem Buch behandelt haben, ist die Bedeutung der Zielgruppenanalyse und -segmentierung. Ich möchte Sie ermutigen, sich kontinuierlich mit Ihrer Zielgruppe auseinanderzusetzen und ihre Bedürfnisse, Interessen und Verhaltensweisen genau zu verstehen. Nur so können Sie Inhalte erstellen, die wirklich relevant und ansprechend für Ihre Zielgruppe sind.

Ein weiterer Schlüsselaspekt ist die kontinuierliche Optimierung Ihrer Strategie. Social Media Plattformen und Trends ändern sich ständig, daher ist es wichtig, flexibel zu bleiben und Ihre Strategie entsprechend anzupassen. Nutzen Sie die verschiedenen Metriken und Analysetools, um den Erfolg Ihrer Kampagnen zu messen und Ihre Strategie kontinuierlich zu verbessern.

Ein Punkt, den ich besonders hervorheben möchte, ist die Kreativität. In der Welt der Reels und Kurzvideos ist Kreativität der Schlüssel zum Erfolg. Seien Sie mutig, experimentieren Sie mit verschiedenen Formaten und Inhalten und lassen Sie Ihrer Fantasie freien Lauf. Das Publikum schätzt Originalität und Kreativität, also scheuen Sie sich nicht, neue Wege zu gehen und Ihre Marke auf einzigartige Weise zu präsentieren.

Abschließend möchte ich betonen, dass Social Media Marketing kein statischer Prozess ist, sondern ein kontinuierlicher, sich entwickelnder Bereich, der ständige Anpassungen erfordert. Bleiben Sie auf dem Laufenden über die neuesten Entwicklungen und Trends, testen Sie neue Strategien und bleiben Sie stets offen für Feedback und Verbesserung.

Ich hoffe, dass dieses Buch Ihnen dabei geholfen hat, Ihr Verständnis für Reels und Kurzvideos im Social Media Marketing zu vertiefen und Ihnen praktische Tipps und Strategien an die Hand gegeben hat, um Ihre Marketingziele effektiv zu erreichen. Ich wünsche Ihnen viel Erfolg auf Ihrer Social Media Marketing-Reise und freue mich darauf, zu sehen, wie Sie Ihre Marke auf den sozialen Plattformen weiterentwickeln und wachsen lassen.

Mit freundlichen Grüßen,

Marius Bonnen

105 Tsd.

887

57,8 Tsd.

Folgen

Haftungsausschluss

Die Umsetzung aller enthaltenen Informationen, Anleitungen und Strategien dieser Print-Editionen erfolgt auf eigenes Risiko. Für etwaige Schäden jeglicher Art kann der Autor aus keinem Rechtsgrund eine Haftung übernehmen. Für Schäden materieller oder ideeller Art, die durch die Nutzung oder Nichtnutzung der Informationen bzw. durch die Nutzung fehlerhafter und/oder unvollständiger Informationen verursacht wurden, sind Haftungsansprüche gegen den Autor grundsätzlich ausgeschlossen. Ausgeschlossen sind daher auch jegliche Rechts- und Schadensersatzansprüche. Dieses Werk wurde mit größter Sorgfalt nach bestem Wissen und Gewissen erarbeitet und niedergeschrieben. Für die Aktualität, Vollständigkeit und Qualität der Informationen übernimmt der Autor jedoch keinerlei Gewähr. Auch können Druckfehler und Falschinformationen nicht vollständig ausgeschlossen werden. Für fehlerhafte Angaben vom Autor kann keine juristische Verantwortung sowie Haftung in irgendeiner Form übernommen werden.

Urheberrecht

887

57,8 Tsd.

Impressum

ISBN: 978-3-911133-76-0

Marius Bonnen wird vertreten durch:

Kontakt:

Full Service Agentur EO GmbH
Adolf Kaschny Straße 19
51373 Leverkusen
Vertreten durch: EBUBEKIR ENES SATILMIS

Mail: info.eesmedia@gmail.com

Printed in Poland
by Amazon Fulfillment
Poland Sp. z o.o., Wrocław

32211232R00085